어떤 아이들은 상처로 말한다

我們的孩子在呼救

我們的孩子在呼救 (OUR KIDS ARE CALLING FOR HELP)
Copyright © 2020 by 謝依婷 Hsieh Yi-Ting

All rights reserved.

Korean edition published in agreement with Aquarius Publishing Co., Ltd. c/o The Grayhawk Agency in association with Danny Hong Agency.
이 책의 한국어판 저작권은 대니홍 에이전시를 통한 저작권사와의 독점 계약으로 ㈜멀리깊이에 있습니다. 저작권법에 의해 한국 내에서 보호를 받는 저작물이므로 무단전재와 복제를 금합니다.

어떤 아이들은 상처로 말한다

자해·우울 등
고통받는 아이들과
나눈

회복의
대화

셰이팅 지음
강수민·김영화 옮김

멀리
가퓌

일러두기

이 책에 수록된 상담 내용은 모두 상담자의 동의를 얻어 실었으며, 개인이 식별되지 않도록 내용을 각색했습니다. 실제 인물이나 사건과 유사하더라도 우연의 결과물로, 의도된 것이 아니라는 점을 밝힙니다.

추천사
햇살 같던 아이는 왜 스스로 목을 맸을까

아주 오래전에 우리 반에 아침마다 항상 크고 활기찬 목소리로 인사하던 여학생이 있었다. 어느 날, 그 아이의 목소리가 평소와 달리 영 기운이 없었다. 표정도 어딘가 이상해 보였다. 조용히 불러 얘기하던 중 아이의 희고 예쁜 얼굴과 목 주위에 난 울긋불긋한 반점을 발견했다.

심하게 울어서 그런지 얼굴의 실핏줄이 죄다 터져 있었다. 나는 아이를 붙잡고 무슨 일이 있었냐고 끈질기게 물었다. 아이는 전날 밤 늦게까지 텔레비전을 보다가 아빠에게 꾸중을 듣고 침대에 엎드려 엉엉 울다가 별안간 죽고 싶은 마음이 들어 목을 맸다고 얘기했다.

그 말을 듣는 순간 나는 경악했다. '고작 그런 일로 목

숨을 던지다니!'

곧장 학교 측에 알리고 심리 상담을 진행했다. 알고 보니 아이 엄마가 정신질환을 앓고 있었다. 매일 저녁 엄마는 울며불며 난리를 피웠고 아빠는 그런 엄마를 달래느라 정신이 없었다. 그 모습을 보며 아이는 '엄마가 자해라도 하면 어떡하지', '엄마의 울음소리가 옆집까지 들리면 어떡하지' 하는 걱정과 두려움에 떨었다. 아이가 밤늦게까지 텔레비전을 시청한 이유는 사실 마음속 공포를 억누르기 위함이었다. 전날에는 아빠도 많이 지쳐서 그랬는지 아이에게 화풀이하듯 소리쳤다.

"텔레비전을 왜 이 시간까지 보고 있어!" 순간 서러움이 북받친 아이는 아픈 엄마와 더는 살고 싶지 않다는 생각에 그런 극단적인 행동을 저질렀다.

우리는 서둘러 사회복지사에게 연락했다. 사회복지사가 집으로 찾아가 엄마를 병원에 데려가야 한다고 설득했지만, 아빠는 동의하지 않았다. 더불어 모든 도움과 지원도 거절했다. 사실 아이의 집은 경제적 지원이 필요할 정도로 형편이 좋지 않았다. 아빠가 온종일 엄마를 돌보느라 회사에 출근하지 못한 탓이었다.

나는 아침마다 듣던 그 햇살 같은 목소리 뒤에 이런 아픔이 있는지 전혀 알지 못했다. 아이가 정서적으로 궁지에 몰려 극단적 선택을 시도한 후에야 간신히 알아챌 수 있었다.

만일 그날 아이의 목소리를 듣고 이상한 낌새를 눈치채지 못했다면, 책상 가득 쌓인 아이들의 숙제 노트를 검사하느라 바빠서 얼굴의 붉은 반점을 못 봤다면 얼마나 더 끔찍한 일이 벌어졌을까? 자신을 상처 입히는 행위 이면에는 자신을 알아봐 주고 사랑해 주길 바라는 마음이 담겨 있을지도 모른다.

이후 2년간 학습도움반 선생님의 도움으로 심리 상담과 그룹 치료를 꾸준히 받으면서 아이는 두 번 다시 어리석은 짓을 하지 않았다. 표정도 한결 밝아졌다. 그러다 중학교에 진학하면서 치료가 자연히 중단됐다. 고등학생이 된 후에 길에서 우연히 만난 적이 있는데, 내게 정신장애인 보건복지수첩을 보여주며 정신과 진료를 받고 있다고 알려줬다.

모든 이야기가 해피엔딩을 맞을 수는 없다. 『어떤 아이들은 상처로 말한다』에도 아이들이 어른들에게 몹쓸 짓을 당하거나 나쁜 환경에 노출되거나 정신적으로 큰 충격을 받아 감정의 수렁에 빠지는 가슴 아픈 사연이 이어진다. 이 아이들을 우리가 늦지 않게 발견해 도와준다면, 마음에 더 깊고 큰 상처가 생기기 않도록 막을 수 있지 않을까?

　내면의 혼란을 스스로 해결할 힘이 약한 아이는 흔히 신경질적으로 굴며 타인과 자신을 상처 입힌다. 만약 이때 아이의 구조 신호를 무시하고 다그치기만 한다면 도와줄 기회를 영영 놓칠 수도 있다.

　우울증 같은 정신질환은 감기처럼 약을 먹기만 하면 낫는 병이 아니다. 동화처럼 아름답고 행복한 결말을 맞이할 거라고 약속할 수도 없다. 삶을 정상궤도로 돌려놓기 위해 자신의 감정을 이해하고 받아들이며 세상에 적응하고자 부단히 노력해야 한다. 그래야 내면의 슬픔과 상처에 매달리지 않고 앞으로 나아갈 수 있다.

　감정의 수렁에 빠진 아이의 제1 방어선은 바로 가족이다. 가족은 아이의 마음을 이해하고 공감해 주는 존재여야 한다. 그리고 아이가 짙은 안개 속에서 무사히 빠져나올 수 있도록 의사나 전문 상담사를 소개해 줄 의무가 있다. 가족의 든든한 지원과 응원이 있다면 아이는 더 넓은 세상을 향해 나아갈 용기를 얻을 것이다.

선야치 (沈雅琪, 교사 겸 특수반 학부모)

부모님의 추천사

우리의 긍정으로
나아갈 힘을 얻는 아이들

저는 특수 아동을 자녀로 둔 여느 부모와 마찬가지로 막막했습니다. 아이에게 문제가 있다는 말을 수없이 들었지만 해결책을 알려주는 사람은 아무도 없었죠.

이런 아이는 매번 골치 아픈 사고를 칩니다. 잠깐 한숨 돌리나 싶으면 다음 사건이 조용히 수면 위로 떠오르고…. 이렇게 계속 스트레스를 받으며 살 바에야 적당한 의료 기관을 찾아 문제를 해결하는 편이 낫겠다 싶었습니다. 저는 아이가 어릴 때부터 소아정신과에 데려가는 데 전혀 거부감이 없었어요. 그곳은 아이에게 충전소나 다름없었습니다.

소아정신과 선생님들은 이런 아이들이 자주 오해받는

다는 점을 잘 알고 계시더라고요. 진료실에서 아이가 몸을 까딱까딱 흔들어도 얌전히 앉아 있으라고 하는 사람이 없었어요. 상담 때마다 아이는 항상 지지를 받았고 연료를 가득 충전한 듯 자신감 있는 발걸음으로 진료실을 나섰습니다. 저도 아이와 갈등을 해결하고 오해를 풀면서 치유됐습니다.

나중에는 오히려 제가 선생님이 아이와 나누는 대화를 귀 기울여 듣게 됐습니다. 소통하는 과정 속에 육아 팁이나 아이를 대하는 요령이 많이 담겨 있었으니까요.

언젠가 아이가 풀이 죽었을 때 제게 이런 말을 한 적이 있습니다. 나중에 크면 아이를 낳지 않을 거라고. 아이에게 본인과 같은 고통을 겪게 하고 싶지 않다면서…. 하지만 전 이런 말을 해주고 싶습니다. 너처럼 특별한 아이가 찾아와 줘서 엄마는 정말 기쁘단다. 어쩌면 널 이해하기 위해 평생 노력하고 배워야겠지만 그래도 괜찮아.

아하오 엄마

아이가 유치원 때 이상을 보였는데 당시 우리 가족은 아스퍼거 증후군을 의심했어요. 초등학교 1학년이 되니 몇몇 과목에는 큰 관심을 보였지만 흥미가 없는 과목에는 도통 의욕을 보이지 않았습니다. 무언가를 하는 과정이나 단계에서 항상 일정한 순서를 고집했고, 변화에 유연하게 대처하지 못했어요. 생각대로 되지 않으면 불같이 화를 냈고요. 그래서 저는 매일같이 학교에 찾아가 선생님과 상담했어요. 엄마인 내가 문제의 원인을 찾고 해결하지 못하면 우리 애가 더욱 외로워지고, 남에게 이해받지 못할 거라고 생각했거든요.

그러던 중 셰이팅 선생님과 만났습니다. 선생님은 아이의 상황을 파악하고 심리 검사를 마친 후에 아스퍼거 기질이 보인다고 하셨죠. 사실 저도 일찌감치 이런 특성을 파악했어요. 확실한 진단을 받고 싶은 것뿐이었죠.

선생님은 이런 말을 하셨어요. 아스퍼거 아이들은 결코 특별한 존재가 아니고 다만 우리의 이해가 필요하다고요. 선생님을 비롯한 의료진과 함께할 때마다 놀라움과 기쁨의 연속이었습니다.

선생님의 이 책 덕분에 아스퍼거를 앓는 사람과는 어울리기 힘들다는 편견이 깨지기를 바랍니다. 아스퍼거 아이들도 일상생활 속에서는 다른 아이와 다름없이 귀여운 존재니까요.

샤오위 엄마

아내는 둘째를 낳고 얼마 후 불의의 사고로 세상을 떠났습니다. 저와 쯔닝은 하늘이 와르르 무너진 것만 같았습니다. 사랑하는 아내를 잃고 3,000여 일이란 긴 시간을 견딜 수 있었던 건 다 쯔닝 덕분이라고 생각했습니다. 쯔닝이 없었더라면 아내가 남기고 간 둘째 아이(쯔닝과 여섯 살 터울인 남동생은 당시 6개월이었습니다)를 이처럼 건강하게 키우지 못했을 겁니다.

하지만 어느 순간부터 쯔닝의 마음을 살피는 데 소홀했습니다. 아이가 보인 이상행동이 실은 '자해'였음을 알게 된 건 셰 선생님을 만난 후였습니다.

사실 저는 그동안 '소아정신과'라는 곳이 무섭고 두렵게만 느껴졌습니다. 제가 정신과 문턱을 넘어서는 날이 올 줄은 꿈에도 상상하지 못했습니다.

지금 돌이켜 보면 그 시간이 있었기에 소소하지만 확실한 행복을 찾을 수 있었습니다. 쯔닝이 마음속에 꾹꾹 눌러 담았던 감정과 생각을 모두 털어놓고 홀가분해질 수 있었던 건 다 셰 선생님 덕분입니다. 셰 선생님의 체계적인 분석과 조언은 제게도 많은 도움이 됐습니다. 이제는 욕심과 이기심을 내려놓고 아이와 같은 눈높이로 세상을 바라봅니다. 아이와 소통하면 할수록 우리에게 아직 못다 이룬 꿈이 많다는 사실을 깨닫습니다. 앞으로 우리는 그 꿈들을 실현해 나가기 위해 함께 노력할 생각입니다.

쯔닝 아빠

 란이가 세 살 무렵이었을 거예요. 어느 금요일 오후 진료였는데, 말커녕 눈 맞춤도 없는 아이를 보며 선생님은 하루빨리 치료를 시작해야 한다고 말씀하셨죠. 그러면서 자폐에 관한 책과 발달재활 서비스를 소개해 주셨는데, 저는 도망치듯 진료실을 나왔어요. 아마 현실을 인정하기가 너무 두려웠던 것 같아요. 깊은 밤이 돼서야 혼자 몰래 자폐에 관해 인터넷에 검색해 봤어요. 그리고 검색 기록을 누가 보기라도 할까 봐 모조리 지워버렸죠.

 이후 발달재활 서비스를 받으면서 저는 매일매일 살얼음판을 걷듯 마음을 졸이며 아이의 성장을 지켜봤습니다. 우리 가족도 물론 최선을 다했지만, 란이가 이렇게 좋아진 것은 좋은 의료진을 만난 덕이 크다고 생각합니다. 아이가 세상을 향해 큰 걸음을 내딛게 도와주신 셰 선생님과 성공대학교 병원의 의료진에게 진심으로 감사드립니다.

란이 엄마

차례

추천사
햇살 같던 아이는 왜 스스로 목을 맸을까 5

부모님의 추천사
우리의 긍정으로 나아갈 힘을 얻는 아이들 9

- **그들 중 누구도
  소년이 성폭행 당하는 걸 보지 못했다**
  피로 일기를 쓴 열대어 소년   18

- **이렇게 하면 죽겠죠?**
  클레이 인형을 난도질한 네 살 샤오치   29

- **이 세상에서
  완전히 사라지고 싶어요**
  독립이 두려웠던 고등학생 샤오주   40

- **내가 바보짓을 해서
  주위 사람들을 아프게 할까 봐 무서워요**
  집단 따돌림을 당한 고등학생 백문조   50

- **어떻게 해야 쓸데없는
  생각을 멈출 수 있을까요**
  혼자 진료실을 찾은 칼단발 소녀   60

- **엄마는 나의 일부만 사랑하는 것 같아요**
  동성애자라는 사실을 인정받지 못한 아이　　　71

- **그때 내가 바로 병원에 데려갔더라면
  그 친구는 살았을지도 몰라요**
  절친의 죽음에 눈물 한 방울 흘릴 수 없었던 샤오멍　　　82

- **사실 저도 아빠의 행복에 걸림돌이
  돼서는 안 된다는 걸 알아요**
  두피가 보일 정도로 머리카락을 뽑은 포니테일 소녀　　　91

- **가끔은 내 자신이 끔찍해요**
  엄마의 애인들 때문에 자해하는 중학생 샤오마이　　　100

- **모든 게 다 거짓 같아요**
  아빠의 외도를 알아챈 중학생 샤오위　　　110

- **됐어요, 전 혼자 노는 게 재미있어요**
  친구 얘기만 나오면 어두운 표정을 짓는 샤오즈　　　120

- **선생님, 할머니가 너무 보고 싶어요**
  키워준 할머니를 잃은 ADHD 아이 샤오광　　　130

- **선생님이 우리 집 보고 문제가정이래요**
  좋아하는 일을 찾기 전 방황했던 샤오룽　　　139

- **선생님, 어떻게 해야 집중력을 더 높일 수 있을까요?**
  군복을 입고 공부하는 아이 아하오   149

- **내 말이 뭐가 틀려? 책에 분명히 그렇게 적혀 있었다고**
  암에 걸린 엄마를 고치려 의학 지식에 빠진 소년   158

- **이제 다시는 학교에 안 갈 거예요**
  반 아이들에게 음료를 끼얹은 외톨이 샤오바   167

- **집에서도 학문에 정진할 수 있다고요**
  등교를 거부하던 중국 고전 소녀   177

- **엄마, 왜 엄마 눈에서 액체가 나와요?**
  순서 강박에 시달리던 아스퍼거 소년   186

- **태어나서 죄송합니다**
  입을 굳게 닫았던 소녀 모엔   195

- **우리 애가 자폐일 리 없어요!**
  특수반에 가야 하는 자폐 소년 란이   205

- **내게 수학은 암기 과목이었어요**
  장애의 의미를 다시 묻게 하는 수학 소녀   215

- **저는 아픈 형을 위해 태어났어요**
  제대로 된 관심을 받아보지 못한 다섯 살 아이 226

- **우리 애가 이렇게 된 건 다 나 때문일까요?**
  쓰레기통 옆자리에 외로이 앉아 있던 아이 샤오톈 234

- **나는 똑똑해져서
  돈도 많이 벌고 커다란 집도 갖고 싶어요**
  하루종일 지적만 당하던 소년 아한 244

- **유치원 교사였던 내가
  내 자식을 가르칠 수 없다니**
  자폐인 줄 알았던 두 돌 아이 254

- **아이의 마음을 애써 외면했어요**
  엄마의 죽음 이후 마음의 문을 닫은 아빠와 아이 263

에필로그

너의 손을 잡아줄게 272

그들 중 누구도 소년이
성폭행 당하는 걸 보지 못했다

피로 일기를 쓴 열대어 소년

꺼내지 못한 일기

열대어 소년은 이마가 널찍한 편으로 팔다리는 길고 가늘었으며, 고등학교 체육복을 입고 있었다. 무표정한 얼굴에서는 혼란과 파괴적 감정이 두드러졌으나, 미약하게나마 내면의 생기가 감도는 것이 느껴졌다. 아이는 만성 두통으로 소아신경과를 다니다가 정신과로 넘어온 케이스였다. 아이 엄마가 구구절절 하소연을 쏟아냈다.

"선생님, 우리 애가 원래는 말도 잘 듣고 성적도 썩 괜찮았어요. 물고기 키우는 데 너무 빠져서 그렇지. 온종일 그것만 들여다보고 있으니까 답답하긴 했죠. 그런데 딱 고1 올라가자마자 툭하면 머리가 아프다면서 학교를 못 가겠다는 거예요. 이 병원 저 병원 다 다녀봤는데도 소용

없었다니까요. 신경과에선 스트레스 때문이라는데 학생이 스트레스 받을 일이 뭐가 있겠어요?"

속사포처럼 쏟아지는 푸념에 머리가 지끈거렸다. 열대어 소년은 시선을 회피한 채 입을 굳게 다물고 있었다.

"전에도 두통이 있었니? 중학교 때는 어땠어?" 나는 아이 엄마가 끼어들지 못하게 몸을 슬쩍 앞으로 기울이며 소년에게 직접 물었다. "그냥 그랬어요." 말 속에 이해받지 못하는 데서 오는 분노가 담겨 있었다. 이날은 내가 무슨 말을 던지든 아이는 모조리 단답식으로 대답했다.

소년의 입을 통해서는 치료에 도움이 될 만한 정보를 얻기가 어려워 어쩔 수 없이 아이 엄마에게 이것저것 물어봤다. 그러던 중 열대어 소년이 집안의 기대를 한 몸에 받는 장남이란 사실을 알게 됐다. 매일 새벽부터 일하는 아빠를 돕기 위해 주말에는 가게에도 나가는 모양이었다. 아빠는 가부장적인 스타일로 아들은 남자답게 키워야 한다는 주의였다.

이후 몇 차례나 상담실에서 열대어 소년을 만났지만, 여전히 말을 아꼈고 엄마는 폭풍처럼 신세 한탄을 했다. 소년의 두통은 좀처럼 가시지 않았다. 가끔 그의 넓고 볼록한 이마를 볼 때면 수억 년 전에 솟아난 화산 같다는 생각이 들곤 했다. 어쩌면 저 작은 머리통 안에서 용암이 부글부글 끓고 있는 게 아닐까.

한번은 아이 엄마가 화장실에 들르는 바람에 진료실에 열대어 소년과 둘만 남았다. 우리는 서로의 얼굴을 멀뚱멀뚱 쳐다봤다. 그러던 중 내 시선에 책가방이 포착됐다. "그 안에 어떤 책이 들어 있니?"

아이는 잠시 뜸을 들이다가 말했다. "한번 보실래요?" 『팡쓰치의 첫사랑 낙원(성폭력 피해자인 저자가 자신의 경험을 바탕으로 쓴 소설. 저자는 소설 발표 후에 자살로 생을 마감했다—옮긴이)』이라는 베스트셀러였다.

"이 책 좋아하니?" 하고 물었다.

"좀 겁나요. 너무 사실적이어서." 말을 이어가던 열대어 소년은 겁을 먹은 듯 살짝 몸을 떨었다.

"어떤 부분이 가장 사실적이라고 생각하는데?"

열대어 소년이 대답 대신 가방 속에서 일기장 같은 걸 꺼냈다. 내가 손을 뻗는 찰나 진료실 문이 벌컥 열리더니 아이 엄마가 손의 물기를 닦으며 안으로 들어왔다. 소년은 노트를 황급히 챙겨 다시 가방에 쑤셔 넣었다. 그러더니 나를 보며 고개를 살짝 저었다. 그날 나는 두서없이 말을 늘어놓다가 진료를 마무리 지을 수밖에 없었다.

붉은 글씨로 남긴
고통의 기록

열대어 소년의 다음 진료 때 나는 판도라의 상자를 열어야겠다고 마음먹었다. 그래서 아이 엄마에게 잠시 나가 달라고 부탁했다. 진료실에 둘만 남자, 열대어 소년이 재빨리 일기장을 꺼냈다.

일기를 펼치자마자 역한 냄새가 진동했다. 한 줄 한 줄 붉은색으로 써 내려간 글은 뭔가를 호소하고 있었다. 하얗던 종이가 검붉게 물들었다는 사실이 괴로웠다.

"이건?" 내가 커피색을 띠는 부분을 가리켰다.

아이는 대답 없이 소매를 걷어 상처로 빼곡한 팔을 보여주었다. 일기를 무엇으로 썼는지 굳이 말하지 않아도 알 수 있었다.

일기장 첫 페이지에 이렇게 적혀 있었다.

> 오늘 『팡쓰치의 첫사랑 낙원』을 샀다. 너무 사실적으로 쓰여 있어서 읽기 힘들었다. 1년 전 버스에서 겪은 그 사건이 떠올랐다. 그 남자의 우악스러운 손가락이 나의 가장 연약한 부분을 틀어쥐었다. 나는 비명이라도 지르고 싶었다. 하지만 그건 남자답지 못한 짓이었기 때문에 그럴 수 없었다. 버스에 탄 사람들은 모두

차창 밖을 무심하게 쳐다보고 있을 뿐이었다. 그들 중 누구도 소년이 성폭행 당하는 걸 보지 못했다.

갑자기 검붉은 핏자국은 아무렇지도 않게 느껴졌다. 일기장에 적힌 내용이 천만 배는 더 섬뜩하게 다가왔다. 순간 나도 모르게 인상이 찡그려졌다. 고개를 들어보니 아이의 표정 역시 고통으로 몹시 일그러져 있었다.

"이 일을 아는 사람이 또 있니?" 나는 일부러 건조한 목소리로 말했다.

"부모님께 말씀드렸는데요, 말도 안 되는 일이래요." 의아해하는 나를 보더니 아이는 설명을 덧붙였다. "우리 부모님은 이런 일은 절대 남자한테 일어날 수 없다고 생각해요. 그게 사실이라고 해도 증거가 없으면 범인도 못 잡는대요. 저더러 그냥 다 잊고 공부나 열심히 해서 좋은 대학 가래요."

가부장적인 집안에서 태어난 열대어 소년은 남자답고 씩씩하게 자라기를 강요받고 있었다. 부모가 보기에 남자가 성추행을 당한 것은 수치스러운 일이었다. 그래서 어딘가에 호소하지도 못한 채 매일 밤 악몽에 시달릴 수밖에 없었다.

매일 버스로 통학하는 열대어 소년은 그 일 이후로 차

만 타면 늘 두리번거리며 주위를 경계했다. 다시 그런 일을 겪지는 않았지만, 정장을 차려입은 남자만 보면 심장이 미친 듯이 뛰었다. 통학할 때 버스 안에서 단어를 암기하라는 선생님도 있었지만, 아이에게 그건 도저히 불가능한 일이었다.

"저는 사람 상대하는 것보다 물고기 키우는 게 더 좋아요. 물고기 키우기는 간단해요. 빛, 공기, 물만 제공해 주면 잘 크니까요. 알아서 먹이도 찾아 먹고 번식도 하죠. 그런데 사람은 너무 어려워요. 사람이 만든 세상도 복잡하기 짝이 없고요. 특히 사람 마음은 이해하기 너무 힘들어요."

처음 상담을 시작하고 몇 개월이 지나서 열대어 소년은 이런 이야기를 들려주었다. 교내 생물 선생님도 자신만큼 열대어 방면의 지식이 많지 않을 거라고 자신하며 열정을 보였다. 대학 교수를 찾아가 자문을 구하고, 과학 전람회를 열고, 초등학생을 대상으로 캠프를 개최하기도 했다.

"저녁에 혼자 손전등을 들고 해변을 탐험한 적이 있어요. 사실 밤의 해변은 엄청 소란스러워요. 모래사장이나 조간대(간조와 만조 사이의 구간-옮긴이)에서 수많은 생물이 활동하니까요. 그때 파도 소리를 들으면 마음이 좀 편안해지더라고요."

열대어 소년은 복잡한 마음을 말로 표현하려 할 때마다 바다 깊숙이 가라앉는 기분에 휩싸이는 듯했다. 그럴 때마다 나는 아이가 수면 위로 올라올 때까지 크고 단단한 이마를 가만히 바라봤다. 내 착각인지도 모르겠지만 아이는 시간이 갈수록 조금씩 말이 많아졌고 혈서를 쓰는 일도 점차 줄어들었다.

아이 엄마와도 몇 번 상담을 진행했는데 아들과 어떻게 대화를 나눠야 할지 모르겠다고 했다. 말이 거칠게 나가는 아빠는 대화를 안 하느니만 못했다. 아들이 우울하다는 얘기를 꺼내기만 하면 불같이 성질을 냈기 때문이다. 한번은 열대어 소년이 심적으로 힘드니 당분간은 일찍 일어나서 가게 일을 돕기 어려울 것 같다고 했다. 그랬더니 아빠는 화가 머리끝까지 치민 상태로 왜 정신병자를 자처하느냐며 폭언을 퍼부었다. 그러고는 아이 방에 쳐들어가 어항의 물을 전부 쏟아버리고 열대어를 밖에 내다 버렸다.

그 일이 있은 후 일기장은 유난히 짙은 커피색을 띠었다. 일기에는 붉은 글씨로 이렇게 적혀 있었다.

열대어들은 모조리 죽어버려 다시는 바다로 돌아가지

못하게 됐다.

나는 아빠에게 몇 번이나 연락을 취했지만 일이 바쁘다며 한사코 상담을 거절했다. 엄마는 부자 사이의 다리 역할을 하고 싶어 했지만, 원체 성격이 급해 느리고 신중한 아이의 성향에 보조를 맞추기가 쉽지 않았다. 가끔은 나조차도 확신이 서지 않았다. 부모의 참여가 없는 상황에서 내가 대체 아이를 어떻게 도울 수 있을까?

소년은 세상이라는
바다로 뛰어들 준비를 하고 있었다

열대어 소년과의 만남은 아이가 고1일 때부터 시작해 어느덧 고3까지 이어졌다. 매번 상담 전에 이어지는 기나긴 침묵은 일종의 종교 의식과도 같았다. 짙은 남색 책가방과 체육복, 광활한 이마…. 달라진 것은 아무것도 없었다. 아이는 여전히 두통을 호소했고 기분이 가라앉을 때가 많았다. 그리고 부모와 갈등이 벌어지면 자해했다.

다만 우리의 대화 주제는 팡쓰치, 물고기 키우기, 부모님에서 점차 대입 원서나 면접으로 바뀌었다.

"특별전형으로 해양학과에 지원할 수 있을 거예요." 열대어 소년이 말했다.

"부모님은 뭐라고 하셔?" 아이의 부모는 IT나 엔지니어 관련 학과를 희망했던 걸로 기억한다.

"몰라요. 요즘에는 둘 다 별말이 없어요. 아예 포기했나 보죠 뭐." 아이는 쓴웃음을 지었다.

나는 아이가 혼자 준비한 원서를 넘겨보면서 면접 보는 요령에 대해 한마디 거들었다. 그러다 불현듯 피와 눈물로 범벅된 일기장이 떠올랐다. 한동안 그 일기장을 보지 못했다는 생각이 들었다.

"요즘도 일기를 쓰니?" 내가 물었다.

"안 쓴 지 꽤 됐어요." 아이는 민망하다는 듯이 머리를 긁적였다.

"요즘에는 인스타그램이랑 페이스북을 하고 있어요. 선생님도 보실래요?" 아이는 휴대전화를 꺼내 능숙한 손놀림으로 자신의 인스타그램을 열어 보여주었다. 훑어보니 온통 물고기, 산호, 해초 사진으로 도배돼 있었는데 그중에는 환히 웃는 아이의 사진도 몇 장 껴 있었다.

"이건 제가 해변의 초등학교에 갔을 때 야영하는 아이들과 찍은 거예요. 애들이 저를 엄청 반겨줬어요. 그리고 학교 근처 조간대는 해양 생태계가 풍부하게 조성돼 있더라고요. 관심을 보이는 애들 몇 명 데리고 밤에 놀러 갔어요." 아이는 아주 들뜬 표정으로 조잘조잘 떠들었다.

"요즘에 부모님은 네가 하는 일에 별 간섭 안 하시는 것 같네."

"그런 것 같아요. 해양학과에 간다고 했을 때도 그냥 말없이 서명해 주시더라고요." 열대어 소년은 멋쩍게 웃었다.

아이 부모가 마치 대륙이 이동하듯 서서히 변했다는 사실을 나는 갑자기 깨달았다. 내가 직접 코치한 것도 아니고 그들이 진료실에 찾아온 것도 아니지만 나름의 방식으로 아들에게 채웠던 족쇄를 하나씩 풀어준 것이다. 이렇게 아이의 성장 환경에도 조금씩 변화가 찾아왔다.

열대어 소년은 생사의 갈림길에서 몇 차례나 사투를 벌였다. 그 와중에도 힘겹게 성장하면서 자신의 모습을 되찾은 것이다. 몸도 전보다 다부져졌을 뿐 아니라 지느러미에도 제법 힘이 붙어 웬만한 일에는 쉽게 흔들리지 않았다. 대학 등록을 앞둔 아이는 머지않아 세상이라는 드넓은 바다를 향해 힘차게 뛰어들 것이다.

열대어 소년 옆에 놓인 책가방이 얼핏 눈에 들었다.

"요즘은 무슨 책 봐?"

아이는 대답 대신 『보통 심리학』이란 책을 꺼내 들었다. "이해는 잘 안 돼요. 그래도 틈날 때마다 천천히 읽어 보고 있어요." 아이가 책을 넘기면서 대답했다.

아이들의 발전 속도와 능력은 실로 놀라울 정도다. 대부분의 아이는 열대어 소년처럼 성장에 성장을 거듭한다. 그렇기에 우리가 아이들에게 알맞은 빛과 공기, 물만 제공해 준다면, 제 몫을 거뜬히 해내는 존재로 우뚝 설 것이라고 나는 믿어 의심치 않는다.

이렇게 하면
죽겠죠?

클레이 인형을
난도질한 네 살 샤오치

엄마는 눈치채지 못했다

임상심리사가 샤오치에게 다정한 목소리로 물었다. "샤오치, 누구도 널 해코지할 수 없어. '해코지한다'라는 게 무슨 뜻인지 아니?"

"그건." 샤오치가 갑자기 클레이 뭉치에 구멍이 날 때까지 손가락으로 마구 후벼 팠다. "이렇게 막 쑤시는 거예요."

샤오치의 스물두 번째 심리치료 중에 있었던 일이다. 당시 소아정신과에서 레지던트 과정을 밟고 있던 나는 임상심리사와 함께 다섯 달 남짓 샤오치를 지켜보고 있었다.

샤오치는 귀엽고 천진난만한 네 살 여아였다. 뽀얀 얼굴에 오밀조밀한 이목구비를 보면 장차 엄마처럼 상당한 미인이 되리라 짐작됐다. 샤오치 엄마는 펫숍을 운영했는데 그의 미모를 보고 가게를 찾는 남성 손님이 많은 듯했다. 때로 불편한 상황이 생기기도 했지만, 중졸 학력의 여자 혼자 아이를 키우려면 어느 정도 감수해야 했다.

샤오치가 외래진료 교수의 권유로 소아정신과에 왔을 때만 해도 나는 아직 아동 심리치료가 어떤 방식으로 진행되는지 알지 못했다. 그래서 숙련된 임상심리사가 주도하는 심리치료 프로그램에 용기를 내어 참여했다. 샤오치는 성폭력 피해 아동이었다. 어린이집 통학버스 운전기사에게 장장 다섯 달에 걸쳐 몹쓸 짓을 당했다고 했다.

어느 날, 샤오치가 엉덩이가 아프다며 엄마에게 칭얼댔다고 한다. 아이의 항문 주위가 빨갛게 부어올라 있었지만, 엄마는 가게 일로 정신이 없어 크게 신경을 쓰지 못했다. 성폭행을 당한 사실을 알아챈 사람은 오랜 시간 아이를 지켜본 사회복지사였다. 방실방실 잘 웃던 아이가 언제부터인가 수시로 짜증을 부렸다고 한다. 심지어 바닥에 엎드려 엉덩이를 높이 치켜드는 민망한 자세를 취하기도 했다. 이에 사회복지사는 서둘러 사회국(社會局,

대만의 지방단체 내 사회업무 담당 부서-옮긴이)에 신고했다.

경찰 수사가 진행되자 어린이집 통학버스 운전기사는 샤오치를 성폭행한 사실을 인정했다. 그러나 성관계는 한두 번뿐이었다고 주장했다. 반면 샤오치는 이제 고작 네 살이라 정확한 횟수를 진술하는 데 어려움이 있었다.

"잘 생각해 보면 작년 가을쯤부터 애가 시도 때도 없이 울었던 것 같아요. 표정도 어두워지고요. 퇴근하고 오면 피곤해 죽겠는데, 아무리 달래도 그치지 않아서 따끔하게 야단쳐야겠다는 생각도 했어요. 지금도 거의 매일 울다 지쳐 잠들어요. 밀린 집안일을 하려고 잠시라도 엉덩이를 떼면 애가 소스라치며 안아달라고 떼를 써요. 밤에 잘 때도 불을 켜놓지 않으면 자다 깨서 울어요. 악몽을 꾸는 건지 자면서 막 소리도 지르고…."

샤오치 모녀가 처음 왔던 날, 나와 임상심리사는 아이 엄마를 붙잡고 이것저것 캐물었다. 엄마가 질문에 답하는 동안, 샤오치는 그 옆에 앉아 그림을 그렸다. 화이트보드 위 까만 선이 빙글빙글 끝도 없이 이어지고 있었다.

"정말 많이 후회했어요. 하지만 저도 남편 없이 혼자 생계를 책임지느라 어쩔 수 없었어요. 애를 데리러 갈 시간도 없어 통학버스를 이용해야 했죠. 진짜 이런 일이 생길 줄은 상상도 못 했어요."

"아이 아빠하고는… 연락하고 지내시나요?"

임상심리사의 질문에 샤오치 엄마가 냉소를 지었다.

"선생님, 샤오치가 어떻게 생긴 줄 아세요?" 그가 소름이 돋을 만큼 서늘한 목소리로 말을 이었다.

**사랑이 아닌
폭력으로 시작된 관계**

"샤오치 아빠랑은 온라인 채팅으로 알게 됐어요. 첫 데이트 날이었는데 집으로 데려가더니 억지로 제 몸을 막 더듬었어요. 싫다고 했는데도 막무가내였죠. 그렇게 갖게 된 아이가 바로 샤오치예요."

나와 임상심리사는 말없이 눈빛을 교환한 후 한숨을 깊이 내쉬었다.

"그러면 그 사람은 지금?"

"벌써 4년 전 일이니까 지금쯤은 출소했겠죠?" 샤오치 엄마가 담담하게 대답했다.

"샤오치도 이 사실을 알고 있나요?" 임상심리사가 목소리를 낮추며 물었다.

"그건 저도 잘 모르겠어요. 애한테 굳이 감추려고 하진 않았어요. 어차피 언젠가 알게 될 일이니까요."

"샤오치가 자기는 왜 아빠가 없느냐고 묻지 않던가

요?"

"그럴 때는 아빠가 없으면 어떠냐고, 네 아빠가 되고 싶어 하는 아저씨가 엄청 많다고 했죠."

펫숍을 찾는 남성 손님 대부분은 샤오치를 좋아했다. 그중에는 아이를 무릎에 앉히며 친근감을 드러내는 손님도 있었다. 엄마는 이런 행동을 한 번도 제지하지 않았다. 그래서인지 샤오치는 경계 존중(사람과 사람 사이의 보이지 않는 경계를 인식하고 존중하는 태도-옮긴이)의 개념이 아예 없는 상태였다.

"와, 많이 그렸네! 뭘 그렸는지 선생님한테 설명해 줄 수 있니?" 임상심리사가 이번에는 샤오치에게 질문을 던졌다. 샤오치 손에 들린 화이트보드에는 사람 한 명과 집 한 채가 그려져 있었다. 아까 얼핏 봤던 구불구불한 선이 집과 맞닿아 있었다.

"이 사람은 누구니?" 임상심리사가 아이에게 물었다.

"안경을 쓴 아저씨요."

"누가 안경을 썼는데?"

"기사 아저씨요."

샤오치가 별안간 고개를 푹 떨궜다.

"이 집은 뭐니?"

"나랑 엄마가 살아요."

"그러면 이 기다란 선은?"

"길이에요." 샤오치가 화이트보드에 그려진 선을 따라 손가락을 움직였다. 손끝이 금세 새까매졌다.

이때 샤오치 엄마가 불쑥 끼어들었다. "요즘 이런 그림을 자주 그려요. 저랑 사회복지사가 보기엔 그자가 애를 차에 태우고 여기저기 돌아다니며 몹쓸 짓을 저지른 것 같아요. 그래서 집이 엄청 멀다고 느꼈나 봐요. 실제로는 가깝거든요."

샤오치가 별안간 고개를 번쩍 들더니 진료실 한쪽에 놓인 해적 놀이 세트를 뚫어지게 쳐다봤다. 그 모습을 본 임상심리사가 집에 가서 스탠드만 켜놓고 자는 연습을 해오면 다음 진료 때 갖고 놀게 해주겠다고 약속했다.

**클레이 인형에
쏟아낸 분노**

일주일 후, 샤오치 모녀가 다시 진료실을 찾았다. 엄마 말에 따르면 샤오치는 밤에 불을 끈 채 잠을 자는 것에 점차 익숙해지고 있었다. 더불어 악몽을 꾸는 횟수도 훨씬 줄었다.

그러나 놀이치료 중에 가끔씩 불같이 화를 내곤 했다.

"뭘 만들고 싶니?" 임상심리사가 클레이를 만지작거

리며 샤오치에게 물었다. 이날은 무독성 클레이로 놀이치료를 진행할 예정이었다. 우리는 치료에 앞서 놀거리를 한두 가지 정도 준비해 놓았다. 아이가 계획에 없는 다른 놀이를 원할 때는 진료 방침에 따라 그 의견을 최대한 존중해 줬다.

잠시 후, 샤오치가 클레이 놀이에 집중하자 나와 임상심리사는 조용히 눈짓을 주고받으며 그 모습을 관찰했다. 아이는 파란색 클레이를 집어 들더니 사람 모양의 인형을 뚝딱 만들어냈다. 하지만 완성되기 무섭게 인형을 바닥에 내팽개치고 장난감 상자를 뒤적이기 시작했다.

"뭘 찾고 있니?"

"요리 도구요."

샤오치가 플라스틱 장난감 칼과 포크, 냄비, 가스레인지를 챙겨 들고 인형 앞으로 돌아왔다. 그리고 우리의 눈치를 살피며 망설이는 기색을 보였다.

"기사 아저씨를 어떻게 하고 싶니?" 임상심리사가 물었다.

샤오치가 칼을 번쩍 치켜들었다가 클레이 인형에 내리꽂았다. 손아귀의 힘이 점점 세지더니 머지않아 양손에 칼과 포크를 하나씩 쥐고 마구 휘둘렀다. 순식간에 클레이 인형이 산산조각 났다.

"기사 아저씨가 부서졌으니 널 괴롭힐 수 없겠다." 아이 옆에서 임상심리사가 차분한 목소리로 말했다. 샤오치는 클레이 조각들을 냄비에 주워 담은 후 가스레인지에 올려놓았다.

"냄비 안에서 부글부글 끓고 있으니까 너한테 아무 짓도 못 할 거야, 그치?"

"이렇게 하면 죽겠죠?" 샤오치가 또박또박한 발음으로 한마디 툭 내뱉었다. 뒤이어 퍼즐매트 위로 깡충 올라가더니 두 손으로 바닥을 짚고 엉덩이를 높이 들었다. 얼핏 보면 앞구르기 준비 자세 같았는데, 보면 볼수록 왠지 모를 거북함이 느껴졌다.

"샤오치, 넌 이제 강해졌어. 그러니까 기사 아저씨가 널 두 번 다시 해코지 못 할 거야." 임상심리사가 샤오치에게 말했다.

"이거 봐, 기사 아저씨가 국이 됐네. 샤오치, 우리 이거 같이 마실까?"

샤오치가 벌떡 일어나더니 냄비를 빼앗아 진료실 구석에 내던졌다. 그리고 베개를 가져와 냄비를 덮어버리고 그 위에 털썩 주저앉아 발을 동동거렸다.

"먹기 싫구나. 샤오치, 기사 아저씨가 밖으로 나오는 게 싫으니?"

이런 식으로 아이가 긴장감과 분노를 불쑥불쑥 표출하는 상황이 10주가 넘게 지속됐다.

아이는 처음으로
바다를 그렸다

우리는 자유 주제로 그림 그리기, 클레이 놀이, 종이공예 등 다양한 놀이치료를 진행했다. 샤오치는 무의식적으로 '기사 아저씨'나 '집으로 향하는 머나먼 길'을 놀이 주제로 정하곤 했다. 역할놀이를 할 때는 남자 인형만 보면 반사적으로 기사 아저씨를 떠올리며 극도의 화를 내거나 두려움을 드러냈다.

당시 상황을 수차례 재연하면서 샤오치는 집으로 향하는 머나먼 길을 점점 구체적으로 묘사했다. 나와 임상심리사는 가슴이 먹먹해졌다. 어느 순간부터 샤오치는 역할놀이를 하다가 원치 않는 신체 접촉이 있으면 "내 몸에 손대지 마!", "저리 가!", "살려주세요!"라고 외치기 시작했다. 나중에는 기사 아저씨를 용감히 무찌르는 영웅으로 우뚝 섰다.

한편, 샤오치 엄마의 양육 방식도 교정할 필요가 있었다. 우리는 새 장난감을 사주는 방식으로 위로하는 대신 아이와 함께 바람을 쐬러 나가라고 조언했다. 아이가 멋대로 굴 때는 감정에 공감해 주되 정해둔 규칙을 벗어나지 말라고 했다.

넉 달 정도 지났을 때 샤오치가 처음으로 바다 그림을 그렸다. 하늘에는 둥근 태양이 방긋 웃고 있고, 바닷속은 물고기들로 그득했다. 모래사장에는 즐겁게 노는 사람들로 북적였다. 심지어 꽃도 활짝 피어 있었다.

우리는 그림 어디에도 안경 쓴 기사 아저씨가 없다는 사실에 주목했다.

"저번에 엄마랑 놀러 갔던 바다예요." 샤오치가 환하게 웃으며 말했다.

치료를 시작한 지 반년 후쯤, 샤오치의 법정 출석 날짜가 잡혔다. 그즈음부터 샤오치는 눈에 띄게 불안해했다. 이곳에 처음 왔을 때처럼 진료실을 정신없이 뛰어다니고 장난감을 마구 헤집어 놓았다. 때로는 우리를 향해 장난감을 던지기도 했다. 재판 전까지 우리는 아이가 법정에 나가 침착하게 진술할 수 있도록 여러모로 노력했다. 불안감을 표출할 때면 기사 아저씨와 마주치는 일은 절대 없을 거라고 거듭 안심시켰다. 법정에 다녀온 후, 아이가 다시 안정을 찾기까지 몇 주가 걸렸다.

그러던 어느 날, 샤오치가 〈쿵푸 팬더〉를 보고 무술을 배우고 싶다고 떼를 썼다는 얘기를 엄마에게 들었다. 엄마는 여자애니까 무용이나 피아노를 배우길 내심 바라는 눈치였다. 우리는 무술을 배우면 자기 몸을 스스로 지킬 수 있다는 자신감이 생길 거라고 설득했다.

엄마도 뭔가 깨달은 듯 가만히 고개를 끄덕였다. 몇 주 후, 샤오치가 무술 도복을 입고 나타났다. 우리는 그 모습이 무척 근사하고 멋있어 보였다.

생명은 연약하지만 동시에 강인하다. 그렇기에 금이 간 사랑과 믿음도 시간이 지나면 봉합될 수 있다. 우리가 캄캄한 밤길을 걸어가는 아이에게 등불이 되어 준다면, 아이는 언젠가 수평선 위로 떠오르는 태양을 볼 수 있을 것이다.

이 세상에서
완전히 사라지고 싶어요

**독립이 두려웠던
고등학생 샤오주**

엄마와 아이 모두 서로의
불행을 증폭시키고 있었다

샤오주가 크리스마스 카드를 내밀었다. 카드를 펼쳐 자세히 들여다보니 아이가 웃으며 말했다. "크리스마스 지난 지가 언젠데 이제야 드리네요."

나는 농담을 했다. "연하장 받은 셈 치지 뭐."

카드에는 긴 갈색 머리의 소녀가 침대에 앉아 별을 두 손으로 고이 받치고 있는 모습이 그려져 있었다. 핑크색 침대 시트에는 찬란하게 빛나는 크리스마스 장식 전구들이 놓여 있고, 쟁반에는 직접 구운 쿠키와 진저 브레드맨이 담겨 있었다. 따스하고도 섬세한 그림 속 침대 시트의 주름이나 전구의 반사된 빛, 그리고 소녀의 머릿결까지도 무척 생생했다. 카드 뒷면에는 어떤 로고도 새겨져 있지 않았다. 샤오주가 직접 그리고 만든 카드이기 때문이다.

샤오주는 우리 병원을 가장 오래 다닌 아이다. 내가 레지던트 4년 차가 됐을 때부터 진료를 받기 시작했는데 그때 샤오주는 고등학생이었다. 엄마의 손에 이끌려 온 샤오주는 우울한 경향을 보이는 데다 여리여리하고 피부도 창백해서 병약한 이미지를 풍겼다.

첫 진료에서 샤오주는 말했다. 이 세상에서 완전히 사라지고 싶다고. 그는 잘 먹지도 못하고 수면 패턴도 엉망이었다. 샤오주의 엄마는 대학 입학시험을 준비하기에 아이의 건강이 몹시 걱정된다고 말했다.

"어떤 때는 쿠키 한 조각으로 하루를 버틴다니까요." 엄마가 불만을 토로했다.

"먹기 싫은데 어떻게 해. 먹을 것만 보면 쏠린다고." 샤오주가 옆에서 구시렁거렸다. "진짜 이렇게 옆에서 계속 잔소리만 하니까 머리가 터질 것 같아. 그러니까 더 토하고 싶은 거라고."

"지금 따님은 잔소리가 듣고 싶지 않을 거예요. 그보다는 치킨 수프라도 끓여서 책상에 놔 주세요. 배고플 때 먹을 수 있게요. 실은 샤오주도 엄마가 걱정한다는 걸 알 거예요. 안 그러니?"

나는 매번 모녀 사이의 분쟁조정사가 되어 서로의 입장을 이해시키려고 노력했다.

때때로 모녀는 한바탕 싸운 뒤 같이 진료실에 있지 않겠다고 씩씩거렸다. 그러면 하는 수 없이 샤오주와 면담을 한 후에 따로 엄마를 만나 어디서 소통에 문제가 생겼는지 찾아냈다. 각각 일대일 면담을 마치면 둘을 한자리에 불렀다.

"최근 남자 친구가 생긴 걸 엄마가 안 것 같아요. 직접 묻지 않고 휴대전화를 훔쳐봤다니까요. 몰래 본 건 그렇다 쳐요. 엄마 때문에 친구가 보낸 메시지에 답을 못 했어요. 친구는 제가 무시한 줄 알 거 아니에요. 이러니 화가 안 나게 생겼어요?" 나와 단둘이 만난 자리에서 샤오주가 말했다.

"남자 친구 일은 왜 엄마가 알면 안 되는데?" 내가 물었다.

"나랑 안 어울린다고 할 게 뻔하니까요. 엄마는 자기 딸이 엄청 잘난 줄 알아요. 절대 아니거든요. 저는 외동딸인데 할아버지는 늘 그러세요. 딸은 소용없다고. 제 사촌오빠는 대학까지 나와서 일은 안 하고 집에 손을 벌려요. 이렇게 한심한데도 할아버지는 손주라고 싸고돌아요. 할아버지는 아들을 못 낳은 엄마를 내내 구박했어요. 나 때문에 엄마가 집에서 고개를 못 드는 것 같기도 하고…."

남존여비 사상이 강한 집안에서 샤오주는 늘 속을 끓여야 했다. 흐르는 눈물을 닦아낸 샤오주는 엄마와 교대했다.

"샤오주한테 남자 친구가 생긴 건 저도 알아요. 무조건 반대하는 게 아니라 상대방 나이가 많으니까 혹시라도 우리 딸을 무시할까 봐 그래요. 애가 어렸을 적에 마음을 헤아려주지 못했어요. 시댁에서는 아들을 낳으라고 늘 성화였지요. 그런데 못 낳으니까 어떤 때는 딸애를 보면 부아가 치밀더라고요. 가끔 쓸모없는 자식이라고 욕하기도 했고. 어쩌면 샤오주의 우울증도 다 나 때문이 아닐까 하는 생각도 들어요. 그래서 지금 만회해 보려고 엄청 애쓰고 있어요. 선생님도 아시겠지만 제가 일일이 진료도 따라다니고 걱정도 얼마나 많이 하는데요. 그러면 뭐 해요. 아이는 잔소리가 많다고 싫어하는데." 엄마의 눈에도 눈물이 차올랐다.

"어머니, 지금 한 얘기 샤오주에게 직접 해보시면 어때요? 샤오주 가슴속에 맺힌 응어리가 풀어질지도 모르잖아요." 나는 진심 어린 제안을 건넸다.

사실 부모나 아이가 일대일 상담에서 하는 말은 상대방에게 전하고 싶지만 끝내 못 한 말일 때가 많다. 샤오주의 엄마는 머뭇거리더니 이내 결심이 선 듯 고개를 주억거렸다. 나는 간호사에게 샤오주를 불러달라고 했다.

굳은 얼굴의 샤오주는 어색해하며 엄마 옆에 앉았다. 이때 엄마가 갑자기 울음을 터뜨리며 말문을 열었다. "미안하다, 미안해. 너 어릴 때 엄마가 잘못했어…. 엄마가 힘들어서 네 마음 아픈 것도 모르고…." 곧이어 봇물 터지듯 말이 하염없이 쏟아져 나왔다. 샤오주도 이야기를 들은 끝에 눈물을 줄줄 흘렸다. 진료실은 한바탕 울음바다가 됐다.

불안정한 연애와 함께 찾아온
극심한 우울증

이렇게 이야기는 끝맺었을까?

우리 인생은 드라마와 달리 흘러간다. 많은 사람들이 '속마음을 털어놓으면 모든 문제가 해결되고' 이로써 온 가족이 행복한 나날을 맞이하리라 믿는다. 실제로 상담을 진행해 보면 내담자의 인생은 나선형으로 펼쳐진다. 다시 말해, 거듭해서 다른 문제를 맞닥뜨리는 것이다. 하지만 인생을 보다 긴 호흡으로 바라본다면 더디지만 서서히 앞으로 나아가고 있음을 알게 된다.

샤오주는 그림 그리기를 좋아했다. 언젠가 데생을 보여줬는데 그림 속 매혹적인 장미꽃에서 흩날리는 게 꽃잎이 아닌 피처럼 느껴졌다. 샤오주의 미술적 재능을 엿보는 동시에 당시의 심경도 들여다볼 수 있었다.

훗날 샤오주는 원하는 미술학과에 합격해 다른 도시로 떠나게 됐다. 마침 나도 일터를 옮기면서 같은 도시에서 일하게 되었다. 그즈음 샤오주는 안정기에 접어들었기에 고등학교 졸업을 앞둔 마지막 진료에서 나는 이제 병원을 졸업해도 되겠다는 말을 건넸다.

"앞으로 일하게 될 병원을 알려줄게. 만일… 그런 날이 오지 않기를 바라지만 혹시라도 내가 필요해지면 여기로 찾아오렴."

샤오주가 대학에 입학하고 겨우 석 달이 지났을 무렵, 진료 명단에서 다시 그 이름을 보게 될 줄은 꿈에도 몰랐다. 샤오주는 피골이 상접하다는 표현이 어울릴 정도로 체중이 빠진 상태로 내 앞에 나타났다. 함께 앉은 엄마는 눈이 퉁퉁 부은 채로 쓴웃음을 지었다. "선생님, 이렇게나 빨리 다시 뵐 줄은 몰랐네요."

대학 입학 후, 학과 공부에 대한 스트레스 때문에 샤오주의 우울증이 도진 걸까. 샤오주는 걸핏하면 울었고 학교에 가는 것조차 몹시 힘들어했다. 두 도시를 오가며 뒷바라지하는 아이 엄마도 많이 수척해 보였다.

1학년 2학기에 샤오주는 장거리 연애를 했다. 그런데 상대방의 정서가 불안정한 탓에 연애는 순탄치 못했고 두 사람은 툭하면 싸웠다. 샤오주는 심지어 남자 친구와 다툰 후에 집 베란다 난간 위에 올라가기까지 했다.

"거기 올라가서 뭘 하려고 했는지 저도 잘 모르겠어요. 바람이 아주 차더라고요. 뛰어내리면 모든 것에서 벗어날 수 있을 것 같기도 하고 많이 아플 것 같기도 했죠. 저를 발견한 엄마가 황급히 제 몸을 안고 끌어내렸어요. 우리 둘은 그대로 털썩 주저앉아 내리 울기만 했어요."

상대방에 대한 감정이 자신의 정서에 큰 영향을 미친다는 건 알았지만 샤오주는 좀처럼 남자 친구에게 헤어지자는 말을 꺼내지 못했다. 나중에 엄마가 딸의 남자 친구를 찾아가 헤어져 달라고 사정한 뒤에야 비로소 두 사람의 인연은 끊어졌다. 증상이 호전되고 악화되기를 반복한 끝에 샤오주는 결국 2학년 1학기를 휴학했다. 휴학한 후에 샤오주는 무기력한 나날을 보냈다. 그림을 그릴 힘조차 없을 정도였다.

보이지 않는 벽을
허무는 방법

"애가 이렇게 됐는데 제가 어떻게 해야 할지 모르겠어요. 힘내라고 할 수도 없는 노릇이고. 매번 이렇게 말하면 스트레스가 더 클 거 아니에요." 진료 때 샤오주의 엄마가 속마음을 털어놓았다. 엄마도 매우 지쳐 보였다.

"어머니, 아이가 인생의 전부가 돼서는 안 돼요. 샤오주가 대학에 입학했을 때 말씀드렸죠? 취미도 즐기고 자신의 인생을 찾으시라고요." 내가 말했다.

아이가 병이 나면 많은 부모는 양심의 가책을 느끼고 자신의 꿈도 포기한 채 늘 아이 곁을 지킨다. 하지만 성인이 된 이후에도 부모가 너무 붙어 있으면 아이의 독립과 성장에 독이 되기도 한다.

"애가 저러고 있는데 어떻게 안심하겠어요." 수많은 부모가 이와 같은 갈등에 휩싸인다.

"가끔은 아버님께 병원 동행을 부탁하세요. 아이 혼자 보내도 되고요. 자녀는 엄마의 전유물이 아니니까요."

"애 아빠는 병원에 다니는 걸 달가워하지 않는데… 알겠어요. 한번 그렇게 해볼게요."

이런 대화는 2~3년 동안 몇 번이나 반복됐다. 샤오주가 감정의 난조와 회복을 반복하는 과정에서 엄마 역시 서로 독립해야 할 필요성을 느꼈다. 샤오주가 엄마를 의지한 만큼이나 엄마도 딸에게 의지한 셈이었다.

"엄마, 나 요즘은 진짜 괜찮아. 엄마도 일자리 찾아봐. 나 혼자 할 수 있는 일도 있으니까." 휴학한 지 2년이 된 시점에 샤오주는 크게 결심한 듯 엄마에게 이렇게 말했다. 이 말에 엄마는 크게 놀랐고 나도 감격스러웠다.

샤오주의 엄마는 직업 훈련을 받기 시작했다. 샤오주는 오히려 기분이 가라앉고 불안하다고 했다.

"최근에는 그림도 손에 안 잡혀요. 엄마도 애쓰고 있으니까 나도 노력해야 한다는 걸 알아요. 하지만 뭘 해야 할지 모르겠어요. 그림의 영감도 떠오르지 않는걸요."

"네 마음속의 장애물을 그림으로 표현해 보면 어때? 지금의 넌 투명한 벽에 갇혀 있는 거야. 물감을 뿌리면 벽이 눈앞에 나타날지도 몰라. 원래 보이지 않는 적이 가장 두려운 법이거든. 하지만 제대로 벽을 마주해야 너도 거기에 맞설 수 있을지도 몰라."

"한번 해볼게요."

"네가 고등학교 시절에 그린 장미 말이야, 엄청 특별하고 인상이 강렬했어."

"아직도 기억하세요? 그때 그린 건 당시 내 모습인지도 몰라요." 샤오주는 웃음을 터뜨렸다. 내가 기억해 주는 게 기분 좋은 모양이었다.

이렇듯 샤오주는 한 발 한 발 걸음마를 시작했다. 이 무렵 또 한 명의 남자가 등장했다. 아주 자상한 그는 샤오주와 함께 자주 진료실을 찾았다. 남자 친구는 샤오주에게 달빛과도 같은 존재였다.

샤오주는 다시 붓을 들었다. 한참 전에 그린 크리스마스 카드를 이제야 가져왔다고 했다. 듣자하니 최근에 남자 친구와 동거할 집을 구하기 시작했단다. 일자리도 찾아볼 예정이라고 했다. 어차피 할 결혼이라면 먼저 같이 살아보는 것도 나쁘지 않은 것 같단다. 교제를 반대하던 엄마도 차츰 남자 친구를 인정해 주고 있다고 했다.

"이번에는 두 달 치 처방해 주세요!"

샤오주가 이런 요구를 한 건 처음이었다. 최근 5년간 샤오주는 최소 한 달에 한 번은 꼭 진료를 보러 왔기 때문에 처음에는 내 귀를 의심할 수밖에 없었다. 하지만 곧 깨달았다. 자신도 이제 어엿한 성인으로 성장했다는 샤오주의 메시지라는 것을. 훨훨 날아가도록 아이의 손을 놓아줄 때가 됐는지도 모르겠다.

나는 마음속으로 조용히 샤오주의 앞날을 축복해 주었다.

내가 바보짓을 해서
주위 사람들을 아프게 할까 봐 무서워요

집단 따돌림을 당한
고등학생 백문조

책상 위 욕설을 지우다
부러진 손톱

학생은 얌전하고 다소곳했다. 첫인상은 작고 앙증맞은 백문조(白文鳥, 참새과에 속하는 애완용 새-옮긴이)를 떠올리게 했다. 이런 부류의 아이는 보통 학교에서 문제를 일으키는 일 없이 조용히 지낸다. 뜻하지 않게 궁지에 몰려 이곳을 찾았을 가능성이 높았다.

백문조가 말하기로 고등학교 2학년 전까지는 학교생활이 나름 순탄했다. 성적은 중위권에 제법 친한 동성 친구도 몇 명 있었다. 반에서 특별히 주목받는 학생은 아니었지만, 그렇다고 유령처럼 겉도는 존재도 아니었다.

이렇듯 평화롭던 학교생활이 송두리째 박살 난 건 한 남학생 때문이었다. 옆 반인 그 남학생은 인기가 많았다. 운동 실력도 뛰어나고 학교 성적도 좋았다. 훈훈한 외모에 밝고 쾌활한 분위기를 풍기는 데다, 성격도 대범하고 시원시원했다. 그래서 백문조 반에서도 그 남학생을 좋아하는 여학생이 적지 않았다. 물론 그 안에는 백문조와 그의 절친도 포함되어 있었다.

　성격이 활발한 절친은 적극적으로 그 남학생을 쫓아다녔다. 반면 백문조는 좋아하는 티를 내지 않고 속으로 몰래 좋아했다. 그러다 고등학교 2학년 운동회 날, 절친이 그 남학생에게 고백했다가 차였다. "저기, 미안한데 난 백문조를 좋아해."

　그날 이후 백문조의 평온했던 일상은 지옥으로 변했다. 화가 머리끝까지 난 절친이 반 아이들에게 헛소문을 퍼뜨렸다. "백문조는 걸레야. 겉으로는 얌전한 척하면서 뒤에선 온갖 남자를 후리고 다니는 걸레 중의 걸레라고."

　이튿날 아침, 백문조가 교실에 들어서자 아이들이 일제히 시선을 회피했다. 의아해하던 찰나, 책상에 수정액으로 휘갈겨 쓴 '창녀'라는 글자를 발견했다. 이루 말할 수 없는 분노와 수치심이 온몸을 휘감았다.

　수업 내내 백문조는 책상에 적힌 글씨를 지우는 데 매

달렸다. 자로는 말끔하게 지워지지 않자 엄지손톱을 세워 벅벅 긁어댔다. 이런 상황을 알 리 없는 물리 선생님이 그 모습을 보고 한마디 했다.

"백문조, 수업에 집중하지 않고 뭐 하는 거야?"

그때 '뚝' 하는 소리와 함께 엄지손톱이 부러졌다. 마치 심장이 뜯겨 나간 듯 고통스러웠다.

수업이 끝난 후, 백문조가 잠시 화장실을 다녀왔더니 책가방이 보이지 않았다. 주위를 돌아보니 교실에 남아 있던 아이들 몇 명이 속닥거리며 창문 쪽을 힐끗 내다봤다. 순간 머릿속에 어떤 직감이 스쳐 지나갔다. 곧장 교실을 뛰쳐나가 4층 복도 난간에 기대서서 운동장을 내려다봤다.

그의 녹색 가방이 붉은색 육상 트랙에 나뒹굴고 있었다. 마치 내장이 터진 듯 내용물이 전부 밖으로 흘러나온 상태였다. 교과서, 프린트물, 필통은 물론이고 생리대까지도.

"뭐야, 창녀 주제에 콘돔도 없단 말이야?"

등 뒤에서 수군거리는 목소리가 들려왔다. 백문조가 서둘러 뒤를 돌아봤지만 반 아이들은 이미 뿔뿔이 흩어진 후였다. 그때 어디선가 불어온 바람에 치맛자락이 나풀거렸다. 백문조는 순간 난간에서 뛰어내리고 싶은 충동을 강하게 느꼈다.

"그 남학생은 어떻게 됐니?" 내가 물었다.

백문조가 생기 없는 눈빛으로 입술을 달싹였다.

"우리 반 애들이 저한테 한 짓을 알고 충격받았나 봐요. 그래서 주위 친구들한테 실은 날 좋아한 적이 없다고 말했대요. 어떻게 거절해야 할지 몰라서 그냥 그렇게 둘러댄 거라면서. 물론 저도 전해 들은 거에요."

백문조는 그 남학생의 해명으로 자신의 학교생활이 조금 나아지리라 기대했다. 그러나 며칠 후, 학교 홈페이지 익명 게시판에 '걸레 백문조'라는 제목의 글이 올라왔다. 그가 원조교제를 한다는 어이없는 소문부터 차마 입에 담기도 힘든 음담패설이 담겨 있었다.

그때부터 백문조는 학교에 나가지 않았다. 길을 걷다가 누군가의 시선이 느껴지면 자신을 흉보거나 욕하는 듯한 생각이 들어 안절부절못했다. 그 사건 후 일주일 만에 몸무게가 무려 3킬로그램이나 빠졌다고 한다. 상담 때도 안쓰러울 정도로 삐쩍 마른 상태였다.

"온종일 아무것도 할 수 없어요. 가만히 있어도 눈물이 나요. 그냥 이 세상에서 사라지고 싶어요…."

이제 모두 끝난 듯
보였지만

나는 약물 치료와 상담을 병행해 나갔다. 몇 달이 지나자 백문조는 우울증에서 조금씩 벗어났다. 3학년에 올라가면서 아이들의 지독한 괴롭힘도 점차 수그러들었다.

"지금은 다들 공부에 전념하느라 전처럼 뒤에서 수군대는 일이 거의 없어요. 그래도 그 친구와 마주치는 일은 여전히 괴로워요." 백문조는 진료를 기다리는 시간 틈틈이 교과서를 들여다봤다.

"정말 열심이구나. 가고 싶은 대학이나 학과가 있니?" 내가 물었다.

"그 친구랑 같은 대학만 아니라면 어디든 좋아요. 전 아마 과기대에 지원할 것 같아요. 그 친구가 일반대에 원서를 낼 거라고 들었거든요." 소녀는 무미건조한 말투로 대답했다.

"그 남학생은?"

"나중에 몰래 메시지를 보내왔어요. 저한테 사과하고 싶다고, 기회만 준다면 저랑 사귀고 싶다고 했어요. 솔직히 기뻤어요. 하지만 그 애랑 대화하다 보면 자꾸 고2 때 일이 생각나서 괴로워요. 지금까진 그냥 친구로 지내요. 주말에 같이 만나서 공부도 하고요. 그런데 학교에선 절대 아는 척 안 해요. 다른 애들이 알까 봐 너무 무섭거든요. 걔랑 사귈지 말지는 수능이 끝난 다음에 찬찬히 생각해 볼래요."

다행히 우울증에서 빠르게 회복된 덕분에 백문조는 무사히 수능을 치를 수 있었다. 자신이 바라던 대로 집 근처 과기대에 입학했다. 그리고 남들 모르게 그 남학생과 교제하기 시작했다.

백문조는 한 달에 한 번씩 진료를 받으며 자신의 근황을 이야기했다. 때로는 시험 스트레스 때문에 잠을 잘 자지 못해서 수면제를 먹기도 했다. 그렇지만 전반적으로 봤을 때 그의 상태는 꽤 안정적이었다.

"새 친구를 몇 명 사귀었어요. 전부 합치면 여덟 명이라 팀을 나누기도 편해요."

"지난번에 발표 준비를 하는데, 팀원 몇 명이 농땡이를 부려서 다른 애들이 불만을 늘어놓더라고요. 그런데 전 아무 불평도 못 했어요. 그때처럼 또 따돌림을 당할까 봐 겁났거든요. 나중에 걔네 몫까지 제가 다 하느라 힘들어 죽는 줄 알았어요."

"그 애랑은 헤어졌어요. 장거리 연애는 힘들더라고요. 그래도 나름 순탄한 이별이었어요. 눈물이 찔끔 나긴 했는데 마음은 한결 편해졌어요. 줄곧 마음속에 응어리가 풀리지 않은 채 남아 있었거든요. 과거를 떠올릴 때마다 자꾸 그 애가 무책임했다는 생각이 들었어요. 날 정말 좋아했다면 그때 날 지켜줬어야지 하는 원망도 들고요."

"절 왕따시킨 친구한테 연락이 왔어요. 그때 일을 사과하고 싶다고 한번 만나자고 하더라고요. 사실 마음속으론 이미 너무 늦었다고 생각했지만 그래도 만나 줬어요."

나는 백문조가 한 달간 가슴속에 차곡차곡 쌓아둔 감정 쓰레기를 깨끗하게 비워낼 수 있도록 도와줬다. 백문조는 하고 싶은 말을 다하고 나면 작은 덧니가 보이도록 방긋 웃으며 진료실을 사뿐히 걸어 나갔다.

봄이 되면서 코로나19가 더욱 기승을 부리자 병원을 찾는 환자들의 발걸음이 뜸해졌다. 백문조도 어디로 날아가 버렸는지 감감무소식이었다.

정신과에 대한
편견이 부르는 비극

백문조를 다시 만난 건 5월에 접어들어서였다. 응급실 당직 의사가 그를 데리고 진료실을 찾았다. 백문조가 방문을 걸어 잠근 후 '살고 싶지 않아'라는 쪽지만 달랑 남기고 수면제 50여 알을 한꺼번에 삼켰다고 했다.

백문조의 표정은 딱딱하게 굳어 있었다. 눈빛이 마치

영혼 없는 인형처럼 공허했다. 엄마가 잠시 밖으로 나가자 백문조의 눈에서 눈물이 또르르 흘러내렸다. 잠시 후, 넋이 나간 표정으로 입을 열었다.

"사실 지난 3월부터 자꾸 기분이 가라앉아서 이상했어요. 하지만 엄마가 코로나 때문에 위험하다고 병원엔 못 가게 했어요. 4월이 되니까 더는 못 견디겠더라고요. 가족들한테 말했더니 정신병자도 아닌데 거긴 왜 가느냐고 말렸어요. 제가 우울증에 걸린 게 현실에 만족할 줄 몰라서 그런 거라는 둥, 정신과 진료 기록이 있으면 취업은 어떻게 하느냐는 둥. 그런데 잠도 안 오고, 공부도 안 되고, 과 친구들이 절 배신할 것만 같고… 정말 돌아버릴 것 같았어요."

응급실 당직 의사는 백문조가 또다시 자살을 시도할까 염려하여 입원을 권유했다. 하지만 어느새 진료실에 들어온 엄마가 옆에서 뜯어말렸다.

"잘 생각하고 대답해. 입원하면 네 인생도 끝이야."

"엄마, 난 입원도 나쁘지 않은 것 같아. 내가 바보짓을 해서 주위 사람들을 아프게 할까 봐 너무 무서워." 백문조가 소리 없이 눈물을 흘렸다.

백문조는 대학에 진학한 후로 줄곧 혼자 진료를 보러 왔었다. 엄마를 이렇게 직접 대면한 건 실로 오랜만이었다. 엄마의 얼굴에는 수심이 가득했다.

"선생님, 우리 애한테 무슨 얘기 못 들으셨나요?"

"전혀요. 전에 봤을 때도 괜찮았는데, 혹시 최근에 무슨 일이 있었나요?" 내가 물었다.

"과 친구랑 문제가 좀 있었나 봐요. 저도 자세히는 못 들었어요."

"못 본 사이에 우울증이 많이 악화됐어요. 고2 때보다 더 심각해 보여요. 입원하지 않으면 정말 큰일 날 수도 있어요." 나는 강한 우려를 드러냈다.

"입원하면 취업에 지장이 있지 않을까요? 가뜩이나 요즘 정신병에 대한 인식도 안 좋던데. 우울증도 과욕 때문에 걸리는 거고, 정신병자는 싹 다 총살시켜야 한다고 난리잖아요. 사실 우리 애는 그렇게 심각한 상태는 아니예요. 그런데도 꼭 입원해야 하나요? 그랬다가 진짜 정신줄을 놓으면 어떡하죠?"

엄마는 딸이 사람들에게 손가락질을 받을까 봐 걱정하면서도 딸의 신변에 무슨 일이 생기지는 않을까 불안해했다.

"심려가 크신 건 이해해요. 다 따님을 사랑하는 마음에서 그러신 거겠죠. 하지만 백문조의 건강과 안전이 무엇보다 중요하지 않나요? 진료 기록에 연연하다가 돌이

킬 수 없는 일이 벌어진 뒤에 후회하실 건가요? 입원 환경이 걱정된다면 병동을 직접 둘러보셔도 돼요. 어머님께 무엇이 가장 소중한지 잘 생각해 보세요."

나는 백문조가 차마 꺼내지 못한 얘기를 대신 전했다.

백문조 모녀는 다음 진료까지 상태를 지켜보다가 입원 여부를 결정하겠다고 약속하고 집으로 돌아갔다.

이날 이후 내 머릿속에는 줄곧 이런 생각이 맴돌았다. 대체 사회 분위기가 어떻기에 정신과 문턱을 넘는 일이 이리도 험난한 걸까? 실제로 많은 이들이 정신과 치료가 필요하다고 생각하면서도 방 안에 갇혀 혼자 몸부림친다. 그러다 자신이나 주위 사람을 해치고 사회적으로 비난과 손가락질을 받는다. 이런 악순환이 반복되면 정신과를 찾는 일이 더욱 어려워질 수밖에 없다.

편견은 백문조의 책상에 적혀 있던 글씨처럼 손톱이 부러져 피투성이가 되어도 쉽사리 지워낼 수 없다. 누군가는 편견과 악의가 가득 찬 댓글에 겁먹고 정신과를 향하던 발길을 돌릴 수 있다. 이는 수렁에 더욱 깊이 빠져 자기 스스로 목을 조르는 비극을 초래할 뿐이다. 우리는 잘못된 여론이 사람의 목숨을 위협할 만큼 치명적임을 잊지 말아야 한다.

어떻게 해야 쓸데없는
생각을 멈출 수 있을까요

혼자 진료실을 찾은
칼단발 소녀

**보호자 없이
소아정신과를 찾는 아이들**

소아정신과에 있다 보면 간혹 이런 아이를 만나곤 한다.

칼단발을 한 소녀는 지망하는 고등학교에 입학해 2년째 다니고 있었다. 그런데 상담에 들어가면 한 마디 내뱉기가 무섭게 눈물을 줄줄 흘리며 코를 훌쩍거렸다. 애꿎은 휴지만 계속 뽑아 쓸 뿐 하고 싶은 말도 제대로 하지 못했다.

소녀는 고1 때부터 까닭 없이 기분이 축 가라앉았는데 벌써 반년 이상 호전과 악화를 반복했다. 기타 동아리에서 활동하다 2학년부터는 임원을 맡았다. 기타를 끌어안고 노래하는 걸 가장 좋아했지만 요즘에는 연습할 힘조차 없었다. 그토록 애정해 마지않던 기타가 방 한구석에 먼지를 뒤집어쓰고 있는 걸 보면서 소녀는 이런 생각마저 했다. '나는 이제 아무것도 할 수 없을 거야.'

소녀는 근 한 달간 잘 먹지도 자지도 못했다. 혹시라도 울음소리가 새어나가 가족이 걱정할까 봐 방에 처박혀 이불에 얼굴을 묻고 흐느껴 울었다.

"전 미술반이거든요. 집에 학비 부담을 주지 않기 위해서 꼭 국립 예대에 들어가고 싶어요. 그런데 실기는 썩 괜찮은데 성적이 안 따라줘요." 소녀는 또다시 울먹거렸다. "요즘에는 기분이 엉망이라 아무리 공부해도 머리에 안 들어와요. 시험을 망치면 마음이 더 안 좋고, 이런 식으로 악순환이 이어져요."

이처럼 전형적인 우울증 증상이 일정 기간 지속되면서 인간관계나 학업에 악영향을 끼쳤다. '약물 치료'는 내가 고심 끝에 떠올린 선택지 중 하나였다.

현재 우울증 치료는 대개 약물 치료와 정신 치료로 나뉘는데 두 가지를 병행하기도 한다. 하지만 학생 신분으로, 특히 고등학생이 매주 결석계를 내고 정신 치료를 받으러 다니기 쉽지 않다. 우울 증상이 심각한 케이스라면 처방한 약물이 뇌의 엔도르핀을 안정시키고, 뉴런을 회복시켜 우울한 기분에서 빨리 벗어나도록 도와준다. 문제는 아이가 보호자 없이 혼자 왔다는 것이다.

나는 소아정신과 전문의 수련 시절부터 선배나 동료, 후배까지도 이런 딜레마에 빠지는 모습을 자주 보았다. 시름 가득한 얼굴로 의사를 찾아온 청소년은 대부분 자신의 고통을 가족에게 알리고 싶어 하지 않는 것이다.

청소년이 혼자 와서 도움을 요청하면 의사는 도와주고 싶은 마음으로 가득하지만 한편으로는 비난받을지도 모른다는 두려움에 휩싸인다. 미성년자는 법률적으로 행위 능력이 없는 것으로 간주되기 때문에 의사는 도와주고 싶어도 손발이 묶일 수밖에 없다. 그래서 환자 이야기를 들어주는 접수창구 역할만 할 뿐 적극적으로 치료해 주지 못한다.

한번은 아는 소아정신과 의사가 미성년 환자를 치료한 경험을 공유해 주었다.

"열일곱짜리 여고생이 혼자 병원을 찾아온 적이 있어요. 진료실에서 눈물을 뚝뚝 흘리면서 하는 말이, 아빠는 안 계시고 엄마와 단둘이 지내는데 엄마가 암에 걸렸다는 거예요. 엄마 걱정 때문에 먹지도 자지도 못해서 엄마 허락을 받고 혼자 병원을 찾았대요. 진단 결과 불면증이 심각한 걸로 나와서 수면제 처방을 내려주고 사흘 후에 다시 오라고 했어요. 어머니 상태가 좋을 때 병원에 모시고 오는 게 가장 좋다는 말도 전했고요.

사흘 후에 정말로 아이 엄마가 진료실을 찾았어요. 아이는 안 왔고요. 감정이 격한 분이었는데 자기 딸이 정신과 진료를 받는지 전혀 몰랐다는 거예요. 그분한테 아이 상태를 이해시키는 과정에서 암 환자가 아닌 걸 알게 됐죠. 그 엄마는 진료실임에도 아랑곳하지 않고 마구 소리를 질러댔어요. '우리 애는 정상이라고! 그런데 감히 내 동의도 없이 수면제를 처방해? 어제 딸이 나랑 싸우고 약을 한꺼번에 삼킨 걸 알긴 해? 내가 당신 아주 끝장낼 거야!'라고. 아이 엄마가 진료를 계속 방해하는 바람에 병원의 경비를 불러 내보냈어요. 나중에는 병원, 위생국(衛生局, 위복부 산하 기관-옮긴이), 위생복리부(衛生福利部, 우리나라 보건복지부에 해당하는 기관-옮긴이) 같은 곳에 저를 고발하고 다녔다니까요."

동료 의사는 담담한 어조로 말을 이었다. "그 후로 보호자 없이 오는 미성년 환자는 절대 받지 않고 있어요.(한국에서도 청소년이 부모 동의 없이는 정신과 진료를 받기 어려운 경우가 많다-옮긴이)"

일부 정면 돌파를 선호하는 선배들도 있다. 이들은 부모에게 알린다고 해서 결과가 꼭 나쁘지만은 않을 거라고 생각한다. 오히려 부모 자식 간에 소통의 계기가 될 수 있다고 여긴다.

하지만 상담하다 보면, 비밀을 품은 청소년과 이를 공개하려는 의사 사이에 일촉즉발의 대치 상황이 벌어지곤 한다. "선생님이 부모님에게 알리면 그 길로 병원을 나가 확 죽어버릴 거예요!" 듣기만 해도 간담이 서늘해지는 이런 말을 나도 몇 번이나 들었다.

이처럼 끝이 보이지 않는 딜레마를 소아정신과 의사의 원죄라는 말 외에 달리 설명할 길이 있을까.

걱정 끼치고
싶지 않아요

아이 상태를 보호자에게 알리는 문제에 관한 선배의 간곡한 조언이 귓가에 맴돌았지만 나는 확실한 결론을 내리지 못했다. 결국 내 문제는 스스로 해결하는 수밖에 없다. 나는 할 수 없이 아이에게 물었다. "이렇게 힘든데 왜 가족하고 같이 안 왔니?"

"걱정 끼치고 싶지 않아요." 칼단발 소녀의 짧은 대답에는 거절의 뜻이 담겨 있었다.

"오랫동안 괴로웠을 텐데 아무한테도 안 털어놨어? 혼자서만 힘들어하고?" 내가 물었다.

"네." 칼단발 소녀는 망설이더니 다시 입을 열었다. "친구한테 말해보기도 했는데요, 다들 쓸데없는 생각 좀 그만하래요. 그런데 저도 생각을 어떻게 멈춰야 하는지 몰라서…. 친구들에게 폐 끼치고 싶지도 않고요."

아이는 다시 얼굴을 손으로 가린 채 흐느꼈다. 억압 성향이 있는 아이들은 다른 사람에게 폐가 되는 걸 두려워해서 정신과 치료라는 험난한 여정도 혼자 꿋꿋이 헤쳐 나가는 길을 선택한다.

그러나 소아정신과 의사가 도와주려고 해도 힘이 미치지 못할 때가 있다. 나는 아이의 자살 위험성을 평가한 후에 약물의 작용 원리를 설명하고 왜 약물의 도움을 받아야 하는지 알려주었다. 또한 가족과 만나 설명하는 과정 없이 미성년자에게 약 처방을 내릴 수 없다고도 설명했다. 상담을 마무리 지으며 다음 진료 예약을 잡았다.

"이번에는 약을 지어줄 수 없지만 다음에는 꼭 가족과 함께 왔으면 해. 혹시 네 얘기를 알리기 싫다면 너나 다른 사람에게 영향이 가지 않는 선에서 되도록 비밀을 지킬게. 하지만 약물 치료가 필요한 이유는 설명할 거야. 가족의 동의가 필요하니까. 이렇게 하는 건 어때?"

최대한 부드러운 말투를 썼지만 내 소신대로 밀고 나가다 아이를 도울 기회를 영영 잃어버리는 건 아닌지 걱정도 들었다. 나는 아이의 창백한 손에 조심스레 진단서를 쥐여주었다. 마치 약속을 상기시키듯이.

실은 서로를
사랑하고 있었다

며칠 후. 칼단발 소녀가 진료실을 다시 찾았다.

아빠도 함께였다.

아이 아빠는 건장한 체구로 호기롭게 빈랑 열매(각성 효과와 중독성이 있다—옮긴이)를 씹고 있었다. 흰색 러닝에 페인트가 잔뜩 묻은 반바지 차림이었다. 두꺼운 팔뚝은 문신으로 가득했는데 용과 봉황이 뒤엉켜 자웅을 겨루는 모습이 장관이었다.

"저를 부르셨다면서요? 애한테 뭔 일 있습니까?"

옆에 앉은 아이를 보니 불안한 기색이 역력했다.

"알아볼 게 있어서요. 아버님이 보시기에 최근 따님 상태가 어떤 것 같나요?"

"얘는 어려서부터 착한 딸이었어요. 공부도 열심히 하고요. 요즘 이유는 모르겠지만 학교에서 돌아오자마자 방에 틀어박혀서 안 나오더라고요. 처음에는 기타 때문인 줄 알았는데 연주 소리가 안 들렸어요. 저도 바빠서 애한테 신경 쓸 겨를이 없어요. 그러니까 무슨 꿍꿍이속

인지 알 턱이 있나요."

말투는 거칠었지만 상기된 눈을 보면 딸에 대한 걱정을 짐작할 수 있었다.

"말로는 바쁘다면서 거의 집에만 있잖아." 칼단발 소녀가 작은 목소리로 말했다.

아이 아빠는 공사 현장에서 일을 했다. 근면 성실한 데다 20년 이상의 경력을 인정받아 직원들을 제법 거느린 관리직을 맡고 있었다. 그런데 작년에 뜻하지 않게 허리를 다치는 바람에 한동안 일을 쉬었다. 그는 고집을 부리며 재활 치료도 제대로 받지 않았다. 불러주는 현장이 거의 없어서 집에서 쉬는 날이 많아진 때문이다.

"경제 상황은 어떤가요?" 내가 물었다.

"식구는 우리 둘뿐이라 그럭저럭 지낼 만해요."

그동안 꼬박꼬박 저축한 덕분에 큰 어려움이 없는 듯 보였다. 아이 엄마는 칼단발 소녀가 유치원 때 교통사고로 세상을 떠났다.

"하지만 이 녀석 대학이라도 보내려면 저축을 얼마간 남겨야 해요. 그것 때문에 지금 골치 아파 죽겠는데 무슨 정신병원을 다 끌고 오질 않나. 한심한 녀석 같으니." 아이 아빠는 불만을 터뜨렸다.

아빠 곁에 앉은 칼단발 소녀의 얼굴은 점점 일그러졌

다. 저번 진료 때 아이가 아빠 없이 혼자 온 이유를 이제야 알 것 같았다.

"재활 치료 잘 받으라고 했더니 가지도 않고! 빨리 치료받아야 후유증도 안 남는다는데 아빠는 의사 말도 안 듣잖아! 그러다 다신 못 걸을지도 몰라. 아빠가 병원에 안 가니까 나라도 병원에 다니는 거라고!"

칼단발 소녀는 갑자기 속에 담아두었던 말을 전부 토해냈다. 순간 아빠의 낯빛이 어두워지는가 싶더니 험악한 말을 쏟아낼 것만 같았다.

"네가 하고 싶은 말은, 아빠가 걱정된다는 거지? 그렇지?" 나는 천천히 말을 건네며 날카롭게 각을 세우는 두 사람의 분위기를 풀어보려고 했다.

"자기 자신도 못 돌보면서, 내가 대학 가면 어쩌려고. 내가 이 나이에 왜 이런 걱정을 해야 하는 거야. 다른 애들은 한국 연예인이다 뭐다 하면서 덕질하기 바쁜데."

아이가 목 놓아 울기 시작했다. 아빠는 할 말을 찾지 못한 채 멍하니 앉아 있었다.

"애비 아직 안 죽었다. 뭘 그리 울어." 아빠가 잠시 머뭇거리더니 서투른 손길로 딸의 머리를 쓰다듬어 주었다. 우리 셋은 다시 이야기를 나누었고 마지막에 아빠는 딸의 진료에 동행하는 것과 일정 기간 약 처방을 받는 것에 동의했다. 우선은 정서 안정과 수면을 돕는 약을 써보기로 했다.

"의학이고 뭐고 저는 하나도 몰라요. 선생님이 알아서 신경 써주세요."

두 사람은 처방전을 받아들고 진료실 밖으로 나갔다. 그런데 아이 아빠가 다시 문을 열고 안으로 들어섰다.

"선생님, 우리 아이 잘 봐주세요. 어려서부터 엄마 없이 자랐어요. 제가 새 장가도 안 들었거든요. 우리 애는 배려심도 깊고 말도 잘 들어서 한 번도 속 썩인 적이 없어요. 제가 말주변이 없어서 속상한 일이 있어도 혼자 삭였을 거예요. 여기 와서 속마음을 털어놓을 수 있으니까 안심이 됩니다. 앞으로도 부탁드리겠습니다."

"이야기라면 제가 얼마든지 들어줄 수 있어요. 하지만 아이에게 가장 중요한 건 아빠예요. 좀 전에 따님이 바라는 게 뭔지 들으셨죠? 아빠의 다친 허리 걱정을 엄청 하잖아요." 아이 아빠에게 다시 한번 일깨워 주었다.

"알았어요. 재활 치료받으면 되잖아요. 선생님도 우리 딸처럼 잔소리가 많으시네요." 아이 아빠는 손을 흔들며 진료실 문을 닫았다.

한 주가 지나고 칼단발 소녀가 다시 진료실을 찾았다.

"아빠는 어떠셔?" 내가 물었다.

"아빠랑 같이 병원에 왔어요. 지금 재활과에서 치료 중이에요."

우리는 서로를 바라보며 빙긋이 웃었다.

"이번 청명절(중화권의 명절로 성묘하는 풍습이 있다—옮긴이) 연휴에 둘이서 엄마 보러 가기로 했어요. 성치 않은 몸을 엄마 앞에 보일 수는 없다나요. 엄마가 꿈에 나타나서 잔소리라도 한 모양이에요."

엄마는 나의 일부만
사랑하는 것 같아요

**동성애자라는 사실을
인정받지 못한 아이**

성적지향을
부정당하는 아이들

의대생 시절 정신과에서 실습하던 중에 있었던 일이다. 뇌리에 남을 만큼 인상 깊었던 터라 지금도 또렷이 기억난다.

어느 늦은 오후, 진료가 어느덧 막바지에 이르렀을 때였다. 황금빛 노을로 물든 진료실 안으로 한 부부가 근심어린 표정을 지으며 들어왔다. 그들 뒤로는 이제 막 사춘기에 접어든 아이 하나가 보였다.

처음에는 역광 때문에 남자애인 줄 알았는데 아니었다. 중성적 매력을 풍기는 잘생긴 여학생이었다. 짧게 잘라 왁스로 바짝 세운 머리카락이 인상적이었다. 굳게 닫힌 입과 고집스러운 표정을 보니 부모와 담을 쌓고 지낸 지 꽤 오래된 듯했다.

부모는 담당 교수를 보더니 대뜸 이렇게 말했다.

"선생님, 제발 우리 애 좀 고쳐주세요."

이제 중학교 2학년인 딸이 수업 시간에 러브레터를 쓰고, 교내에서 동성 선배와 손을 잡고 다니다가 학교 선생님에게 걸렸다고 했다. 선생님은 즉시 부모에게 통보했고, 부모는 곧장 아이를 데리고 정신과를 찾았다.

진료 시간 내내 아무 말도 하지 않는 아이를 보며 나는 속으로 이렇게 생각했다. '지금이 어느 땐데 이런 일로 정신과에 오는 거지?' 나는 담당 교수 뒤에 서서 상황을 조용히 지켜봤다. 담당 교수가 이 난관을 어떻게 헤쳐 나갈지 무척 궁금했다.

"동성애는 병이 아닙니다. 그러니 그만 돌아가 보세요." 담당 교수의 단호한 말에 화들짝 놀라는 부모와 회심의 미소를 짓는 아이의 모습이 머릿속에 그려졌다.

하지만 내 예상은 완전히 빗나갔다.

"애가 도통 말을 하지 않으니 심리 검사를 한번 해보죠. 현재 심리 상태를 파악하는 데 도움이 될 겁니다."

담당 교수의 입에서 동성애를 질병으로 보지 않는다

는 말은 끝까지 나오지 않았다. 형식적인 진료를 끝내자마자 이들을 돌려보냈다.

잠시 후 담당 교수가 고개를 돌려 나를 쳐다봤다.

"내게 질문이 있는 듯한 표정이군. 뭔가?"

나는 점점 커지는 궁금증을 참지 못하고 단도직입적으로 물었다.

"교수님, 동성애는 1973년부터 정신질환 항목에서 제외되지 않았나요? 그런데 왜 방금 저 애 부모한테 심리 검사를 권하신 거죠?"

나는 동성애가 병이라고 생각하지 않았기 때문에 일부러 '환자'라는 단어를 쓰지 않았다. 담당 교수는 조금 놀란 듯 멍한 표정을 지었다. 하지만 이내 연륜이 묻어나는 미소를 지으며 대답했다.

"내가 사실대로 말하면, 저 부모는 아이를 다른 병원으로 끌고 갈 거야. 본인들 바람대로 자녀의 성적 지향을 고쳐줄 의사를 만날 때까지 말이지. 그보다는 여기서 진료를 받게 하면서 시간을 갖고 천천히 설득하는 게 낫지 않겠나? 나는 그게 아이를 위한 최선이라고 판단했네."

그때 담당 교수의 대답을 듣고도 나는 과연 이게 최선인지 좀처럼 확신이 서지 않았다.

그로부터 10년 후 대만은 동성혼을 합법화했다(대만은

2019년 아시아 최초로 동성혼을 합법화한 나라다—옮긴이). 그러나 안타깝게도 동성애를 '잘못된 성적 끌림', '이상 성욕', '비정상적 사랑'으로 여기고 정신과를 찾는 부모들이 여전히 존재한다.

이런 부모는 크게 두 가지 부류로 나뉘었다. 장차 자녀가 고달픈 삶을 살게 될까 봐 걱정되어 찾아온 케이스는 그나마 나았다. 대개는 '정상인'이 되도록 고쳐달라고 요구했다. 더 심할 때는 "넌 변태야.", "미친 게 틀림없어!"라며 자녀에게 막말을 쏟아부었다. 이런 폭언이 실제로 상처를 낼 수 있다면 아마 진료실은 피바다가 됐을 것이다.

나는 부모의 감정에 깊이 공감해주는 한편, 동성애가 왜 정신질환이 아닌지 상세하게 설명했다. 그리고 아이를 있는 그대로 받아들여 달라고 요청했지만, 대부분의 부모는 '노쇼'로 응답했다. 가끔은 아이가 몰래 찾아와 부모가 병원을 바꿨다고 알려주기도 했다. 이렇게 부모에게 성적 지향을 부정당한 아이는 크나큰 상처를 입을 수밖에 없다.

아이는 오히려
엄마를 걱정했다

샤오안은 그나마 운이 좋은 편이었다.

샤오안이 날 처음 찾아왔을 때는 고3 수험생 신분이었다. 가수 웨이자잉(魏嘉瑩, 대만의 여가수—옮긴이)과 비슷한 헤어스타일에 금테 안경을 쓴 모습에서 약간 퇴폐미가 느껴졌다. 현재 밴드 동아리 보컬로 활동 중이었는데 동성의 친구와 후배에게도 인기가 많은 듯했다.

샤오안 엄마는 다른 부모에 비해 침착하고 영리하게 대처했다. 샤오안의 성적 지향은 일절 입 밖으로 꺼내지 않았다. 그저 요즘 딸이 부쩍 우울해하는 것 같아 찾아왔다고 이야기했다.

나는 엄마를 잠시 진료실 밖으로 내보냈다. 샤오안이 잠시 주저하다 말문을 열었다.

"엄마는 내가 왜 우울한지 모르는 것 같아요."

"뭐 때문에 우울한데?" 나는 조심스럽게 물었다.

"어쩌면 제가 너무 많은 걸 바라는지도 모르겠어요. 사실 고2 때 동성 선배와 사귀다 엄마한테 들켰어요. 하지만 엄마는 날 다그치지도 않고, 집 밖으로 내쫓지도 않았죠. 아빠한테도 비밀로 하고… 그냥 아무것도 모르는 척했어요."

샤오안은 한숨을 길게 내쉬었다.

"대신 제 성적에 집착하기 시작했죠. 그날 이후로 매일 어느 대학에 갈 건지, 뭘 전공할 건지 꼬치꼬치 캐물어요. 이제 너도 고2니까 학업에 전념해야 한다면서. 선배에 관해서는 한마디도 못 하게 해요. 예전엔 어떤 남자를 좋아하냐고 종종 묻기도 했는데 지금은 안 그래요."

"네가 여자 친구 얘기를 꺼낼까 봐 일부러 더 그러시는 것 같구나."

"맞아요. 얼마 전에는 대학 얘기를 하기에 선배랑 장거리 연애하느라 힘들지만, 같은 대학에 가고 싶어서 열심히 공부한다고 답했어요. 그랬더니 바로 입을 다무시더라고요. 속상했지만 그래도 저 자신을 설득하려고 노력해요. '지금 상황에 만족하자. 적어도 드라마 속 부모들처럼 남자를 좋아하라고 강요하지는 않잖아. 그것만으로도 충분히 좋은 엄마야.' 이런 식으로요."

"그게 생각처럼 쉽지는 않을 텐데."

"네, 맞아요. 엄마는 아무래도 나의 일부만 사랑하는 것 같아요. 엄마가 보기에 반짝반짝 빛나는 모습이요. 예쁘장한 얼굴에 노래 잘하고 모범생인 나만 사랑해주고, 또 다른 나는 거들떠보기는커녕 집에 발도 못 붙이게 해요. 둘 다 내가 맞는데 어떻게 그럴 수 있죠? 엄마와 일상을 공유하고 싶어도 제가 할 수 있는 얘기가 거의 없어요. 말해봤자 침묵으로 일관할 게 뻔해요."

샤오안의 솔직한 고백이 내 마음을 아프게 했다.

"엄마가 침묵할 때면 어떤 생각이 드니?"

"속으로 절 꾸짖는 것만 같아요. '얘가 또 시작이네. 왜 또 그 소리야? 내가 듣고 싶은 말은 그게 아니야!' 하고요. 엄마는 자기가 듣고 싶은 얘기를 할 때만 대꾸해 줘요. 마치 시리(Siri)처럼 정해진 질문에만 답하죠. 얼마 전에는 고교 밴드 연합 발표회가 있다고 했더니 뜬금없이 남학교도 참가하느냐고 물어보더라고요. 내가 누굴 좋아하는지 뻔히 알면서. 엄마는 나의 일부를 계속 부정하고 있어요. 아마도 죽을 때까지 이해받지 못할 거예요."

샤오안은 목이 메어 더는 말을 잇지 못했다.

"내가 엄마한테 뭐라고 말씀드렸으면 좋겠니?"

나는 부드럽게 물었다.

"글쎄요. 그냥 엄마 얘기 좀 들어주세요. 바쁘실 텐데 정말 죄송해요. 지금 엄마도 매우 힘들 거예요. 나랑 아빠 사이에서 마음 졸이며…."

나는 눈물을 흘리며 부탁하는 샤오안이 안쓰러웠다. '이렇게 속 깊은 아이인데.'

엄마, 날 있는 그대로 좋아해줘요

잠시 후, 샤오안 엄마가 짐짓 태연한 표정을 지으며 진료실로 들어왔다.

"선생님, 우리 샤오안은 괜찮나요? 애가 무슨 얘기를 하던가요? 요즘 툭하면 울던데, 우울증 맞죠?"

샤오안 엄마가 재촉하듯 물었다. 어쩌면 모든 것을 우울증 탓으로 돌리고 싶은 것인지도 몰랐다. 그쪽이 훨씬 받아들이기 쉬울 테니까.

"어머님은 샤오안의 어떤 부분이 걱정되시나요? 심리적인 것 말고요."

"네? 대학 진학이 걱정되는 것도 사실이지만, 그래도 부모로선 자식의 행복이 최우선이죠."

나는 속으로 한숨을 내쉬며 안도했다.

"어머님은 샤오안이 어느 대학을 가도 상관없으신가요?

"사실 애한테 특정 대학에 가야 한다고 강요한 적 없어요. 그냥 자기가 희망하는 대학에 갔으면 해요."

"그러면 샤오안의 교제 상대는 어떻게 생각하시죠?"

순식간에 진료실 안이 쥐 죽은 듯 조용해졌다.

"우리 애가 선생님께 뭐라고 하던가요?"

샤오안 엄마가 별안간 따지듯 되물었다.

"지금 제 질문을 일부러 피하신 거죠? 그러지 마세요, 어머님도 실은 제게 속마음을 털어놓고 싶으시잖아요."

침묵이 또다시 무겁게 내려앉았다.

얼마 후, 그는 마음을 굳힌 듯 심호흡을 한 후 입을 열었다.

"사실 애한테 그 얘기를 듣고 나서 줄곧 심란했어요. 주변에 이런 얘기를 할 만한 사람이 마땅히 없거든요. 애 아빠한테 말했다간 샤오안을 당장 집에서 내쫓을 테고. 아마 제 친구들도 비슷한 반응을 보일 거예요. 아시겠지만, 저희 세대는 지금과 매우 달라요. 동성끼리 서로 좋아하는 비정상적인 사람이 주위에 한 명도 없었죠. 아, 물론 지금은 합법화가 됐으니 비정상이란 말은 적절하지 않겠네요."

샤오안 엄마는 실수했다는 듯 황급히 말을 정정했다.

"이런 생각이 줄곧 머리를 떠나지 않아요. 왜 하필 우리 딸인 걸까? 내가 뭘 잘못한 거지? 임신 기간에 뭘 잘못 먹은 걸까? 혹시 우리 집이 다른 집만큼 화목하지 않아서일까? 선생님, 그거 아세요? 저는 우리 애가 다른 여자애랑 손잡고 키스하는 모습이 도저히 상상이 안 돼요. 왜 남자애랑 사귈 수 없는 걸까요? 샤오안은 날 닮아서 얼굴도 예쁜데. 대학에 가면 쫓아다니는 남학생이 틀림없이 많을 거예요. 여고를 다녀서 그런 거 아닐까요? 주위에 남자가 별로 없다 보니까…."

그러다 이내 흐느끼는 목소리로 나지막하게 말했다.

"딸한테 스트레스 주고 싶지 않아서 그 얘긴 일부러 피했어요…."

"어머님, 따님 처지에서 생각해보셨어요? 엄마가 자신을 온전히 인정해 주지 않는다고 오해할 수 있어요."

그날 샤오안 엄마는 꽤 오랜 시간에 걸쳐 자신의 감정과 내면의 갈등을 솔직하게 털어놓았다. 자신의 성장배경도 이야기하며 왜 동성애를 용인하기 힘든지 설명했다. 나는 아이와 같이 상담을 받아보라고 넌지시 제안했지만 거절당했다. 순간 그녀의 입을 통해 나온 말이 모두 연기처럼 사라지는 듯했다.

다음 진료 시간, 샤오안이 한결 밝아진 얼굴로 찾아왔다. 휴대전화로 찍은 무대 영상을 보여주며 나중에 꼭 공연을 보러 오라고 했다.

"제가 웨이자잉 팬이거든요. 그래서 이번 발표회에서 웨이자잉 노래를 불렀어요."

영상 속 샤오안은 흰 티셔츠에 청바지 차림이었다. 기타를 비스듬히 멘 채 멤버들과 함께 신나게 노래하며 자신의 매력을 유감없이 발산하고 있었다.

샤오안이 부른 곡의 제목은 〈날 좋아해줘요〉였다.

날 좋아해줘요. 이런 내 모습도 좋아해줘요.

날 좋아해줘요. 빨갛게 물들인 내 머리카락 색도 좋아해줘요.

날 좋아해줘요. 강인하고 친절한 나를 좋아해줘요.

난 식탁 위에 놓아둔 돈에 절대 손대지 않아요.

당신을 사랑해요. 당신은 잘 모르겠지만

당신을 사랑해요. 한 번도 말한 적 없지만

당신과 손을 잡고 노을을 바라보고 싶어요.

그거 알아요? 난 정말 괜찮은 사람이에요.

진료실 안에 울려 퍼진 노래 가사는 샤오안이 엄마에게 들려주고 싶은 말이기도 했다. 밝고 경쾌한 멜로디였지만 나는 왠지 모르게 자꾸 눈물이 났다.

그때 내가 바로 병원에 데려갔더라면
그 친구는 살았을지도 몰라요

절친의 죽음에
눈물 한 방울 흘릴 수 없었던 샤오멍

영정 앞에서
마주한 진실

오뚝한 콧날에 피부가 뽀얀 샤오멍(小夢)은 '꿈 몽' 자가 들어간 이름처럼 언제나 흐리멍덩한 눈을 하고 있었다. 샤오멍은 속세를 등진 사람 같은 인상을 풍겼다. 흡사 깊은 산속 구름에 휘감긴 통나무집에서 사는 자연인 같다고 할까.

샤오멍은 몇 차례 진료실을 찾았는데 이날은 샤오멍의 절친이 세상을 떠난 지 일주일째 되는 날이었다.

"그날 우리는 가오슝에 갔어요. 그 애랑은 같은 중학교를 나왔는데 실은 한동안 안 만났어요."

샤오멍은 마치 꿈속 정경을 묘사하듯이 이야기를 시작했다. 얼굴에서는 그 어떤 표정도 읽을 수 없었는데 마치 자신의 마음을 뚝 떼어다 저 멀리 보내버린 듯했다.

"먼저 신취에장을 돌아다니다 제가 외투를 샀어요. 그러고는 아무 식당이나 들어가 훠궈를 먹었어요. 그날은 어쩐 일인지 둘 다 식욕이 없었는데 음식이 맛없어서 그런 줄 알았어요. 오후에는 백화점 옥상에서 바이킹을 타려고 한참이나 줄을 섰어요. 그런데 그 애 안색이 점점 나빠지더니 배가 아프다는 거예요. 그러면 바이킹은 타지 말고 같이 타이난으로 돌아가서 병원에 가자고 했죠. 그런데 잠깐 쉬더니 괜찮아졌대요. 마침 우리 차례도 돼서 바이킹을 탔죠."

아이의 말은 계속 이어졌다.

"결국 바이킹이 한 번 출렁하자마자 친구가 토해버렸어요. 바이킹은 계속 크게 요동치는데 옆에 있는 사람들은 기겁하고 난리도 아니었죠. 다른 사람한테 토할까 봐 새로 산 외투를 그 애한테 덮어씌웠어요. 바이킹에서 내리고 보니까 제 외투는 토사물로 범벅이지 뭐예요."

나는 그 상황을 머릿속에 그려보았다. 해 질 무렵, 백화점 옥상에 조성된 놀이공원에서 아이들이 잔뜩 신이 나서 대관람차, 회전목마, 바이킹을 타고 논다. 그때 한 소녀가 즐거움으로 가득해야 할 공간에서 토를 한다.

"바이킹에서 내린 그 애가 나한테 황급히 사과했어요. 우리는 근처 의자에 앉아 한동안 쉰 다음에 몸에 묻은 걸 씻어냈어요. 나중에는 그 애 상태도 좋아져서 함께 기차역으로 가서 타이난으로 돌아왔어요."

"그 뒤로는 어떻게 됐어?"

"집으로 돌아가서 속은 좋아졌는지 연락해 봤죠. '많이 좋아졌어. 걱정하지 마.'라는 답장도 받았어요. 다음 날부터는 연락이 뚝 끊기더라고요. 내가 보낸 메시지에 답을 보내기는커녕 읽지도 않았고요."

"이상하다는 생각은 안 들었어?" 내가 물었다.

"저한테 화난 줄 알았어요."

"너한테 화를?"

"그날 걔 때문에 새 외투가 엉망이 됐잖아요. 돌아오는 기차에서 걱정이 되긴 했지만, 아무 말도 안 했어요. 그러니까 나중에 괜찮다는 메시지를 받고 나서도, 너무 짧아서 나한테 화가 났다고 생각했죠. 걔는 고등학교에 들어가서는 늘 이런 식이었어요. 새 친구가 생겨서 자길 무시하느냐고 따지다가 또 며칠은 아무 말도 안 하고…."

"각자 다른 고등학교에 진학해서 생활권도 거의 안 겹쳤겠구나."

"맞아요. 그즈음 전 새로 사귄 친구들이랑 놀았거든요. 그래서 걔가 그러는 게 짜증 났어요. 나중에는 어쩌다 게임에 빠졌는지 매번 그 얘기만 하더라고요. 전 그 게임 이제 안 하니까 캐릭터가 어쩌고저쩌고하는 말이 듣기 지겹더라고요. 아주 유치하게 느껴졌어요."

"그래? 무슨 게임인데?"

"'러브 앤 프로듀서'예요. 선생님도 들어보셨어요? 연애 시뮬레이션 게임인데."

"들어본 것 같아."

"결국 그 애는 '러브 앤 프로듀서'에 완전 빠져서 만날 때마다 같이 하자고 했어요. 전 이제 재미없는데. 그렇다고 해서 딱히 공통 화제가 있는 것도 아니었어요. 그즈음 들어 제 기분이 별로라서 밖에 나가기도 싫었어요. 그래서 이번에도 몇 개월 만에 만난 거고요."

샤오멍은 멈칫하더니 한숨을 내쉬었다.

"일주일 후에 연락을 하나 받았어요. 그 친구 언니였는데 동생 연락처에 있는 사람들에게 돌린 메시지였죠. 자기 동생이 중환자실에서 숨을 거두었다는 거예요. 난소 염전(난소와 난소 주위 구조물이 꼬여 혈류가 차단되는 질환—옮긴이)인지 뭔지라는데 전 잘 모르겠어요. 언니 말에 의하면 중환자실에서 의식이 돌아온 적이 있는데 가족들에게 이런 부탁을 했대요. 자기 상태를 나에게 알리지 말아 달라고. 걱정 끼치기도 싫고 아파서 망가진 자기 모습을 나한테 보이기 싫다면서.

중학교 시절에는 그 애 집에 자주 놀러 갔는데 최근에는 꽤 오랫동안 가지 않았어요. 이렇게 그 집에 다시 가게 될 줄 누가 알았겠어요. 집에 들어서자마자 영정이 눈에 들어오는데 그 애 얼굴인 거예요."

애초에 샤오멍이 진료실을 찾은 이유가 우울감이었는데 이번 일을 겪으면서 학교도 가고 싶어 하지 않았다. 특이하게도 이런 비극적인 이야기를 하는 샤오멍의 입가에는 괴이한 미소가 어려 있었다. 자신과는 무관한 머나먼 곳의 이야기라는 듯이.

"이야기를 들어보니까 아주 힘들었겠구나. 그런데 네가 하는 말을 들으니 꼭 다른 사람이 겪은 일처럼 느껴져." 나의 느낌을 아이에게 전했다.

"그래요? 우리 엄마도 그러던데. 엄마 말로는 너무 겁이 난대요. 그렇게 친한 친구가 갑자기 죽었는데 하나도 안 슬퍼 보인다면서." 아이가 작은 목소리로 말했다. "나조차 내 마음을 모르겠어요. 친구 소식 듣고 나서 지금까지 한 번도 안 울었거든요."

그 후로 1년 가까이 샤오멍과 만나면서 왜 이런 반응

을 보였는지 확실히 알게 됐다.

1년 만에 꺼낸 이름

샤오멍의 아빠는 하던 장사가 망한 뒤로 폐인이 되어 버렸다. 낮에는 밖에서 술주정을 하고 다녔고, 집에 돌아와서는 해묵은 원망들을 쏟아내듯 샤오멍에게 마구 폭언을 했다. "네 엄마 집에서 그깟 돈 몇 푼 빌려준 게 대수냐! 뱃속에 너만 안 생겼어도 이딴 결혼 안 했을 건데!" 심지어는 샤오멍의 목을 조르며 나가 죽으라고 저주를 퍼부었다.

엄마는 샤오멍을 함부로 대하지 않았지만, 남편의 술주정을 막기에는 역부족이었다. 남편이 친정 오빠에게 수천만 대만달러에 달하는 돈을 빌렸는데 갚지 못했다. 그 바람에 친정에서 고개를 들고 다닐 수가 없었다.

엄마는 투잡에 쓰리잡까지 뛰며 돈을 갚기 위해 이를 악물고 일했고, 매일 한밤중에 겨우 집으로 돌아왔다. 샤오멍은 눈물을 글썽이며 엄마가 돌아오기만을 기다렸지만, 이미 지칠 대로 지친 엄마에게 부담을 줄 수 없었다. 계속 자는 척하는 수밖에 없었다.

그런 나날이 계속되면서 어느새 정신이 흐릿한 상태로 지낼 때가 많아졌다. 샤오멍의 흐리멍덩한 눈빛은 마치 늘 수면 부족에 시달리는 사람처럼 보였다. 아니 잠에 든다 해도 악몽에 시달려 자꾸만 잠을 설치니 눈앞의 현실을 또렷하게 인식하기 어려웠는지도 모른다.

1년에 걸쳐 진료를 진행하는 동안 샤오멍은 집과 학교, 연애 이야기도 했다. 하지만 두 번 다시 절친의 죽음을 입에 담지 않았다.

그간의 진료 기록을 살펴보니 윗부분에 1년 전에 아이가 한 말이 적혀 있었다. 이유는 모르겠지만 샤오멍의 절친이 세상을 떠난 지 벌써 1년이 됐다는 사실이 문득 떠올랐다. 샤오멍은 휴학과 복학을 거쳐 지금은 천천히 학교로 돌아가는 과정에 있었다. 1년의 공백을 메우기 위해 무던히 애를 쓰고 있었다.

"그 애가 떠난 지 1년이 됐어요." 샤오멍은 첫 마디에 불쑥 이런 말을 내뱉었다.

"친구 어머니 뵙고 왔니?" 내가 물었다.

"저번 주에 친구 집에 가서 가족들을 만났어요. 다들 저를 딸처럼 여기면서 엄청 관심을 보였어요. 먹을 걸 갖다주면서 먹으라고도 하고 요즘 학교생활은 어떤지 묻는 통에 어찌할 바를 모르겠더라고요. 그래도 거기 있는 동안은 꾹 참았어요."

"그래, 고생했어."

"그날 집에 돌아와서 왠지 모르게 갑자기 '러브 앤 프로듀서'가 생각났어요. 한번 다운받아 봤어요. 우리 집 인터넷이 엄청 느린데 게임 용량도 너무 커서 장장 네 시간이나 걸렸어요. 어차피 잠도 오지 않아서 천천히 기다렸더니 다운로드가 완료됐을 땐 벌써 새벽 두 시였어요. 게임을 켜봤는데 비번이 아직도 기억나더라고요. 전에 했던 게임 계정이거든요. 하다가 나중에 그만뒀는데 마침 제 절친이 게임에 빠져서 제 계정을 넘겨줬어요. 그 뒤로는 한 번도 안 들어가 봤고요. 그런데 그날 게임을 하면서 제가 뭘 발견한 줄 아세요?"

"뭔데?"

"보니까 그 애가 게임을 엄청 열심히 한 거예요. 할 수 있는 미션도 전부 클리어해서 제가 계정 넘겨줬을 때보다 많이 진행됐더라고요. 얼마나 열심히 했냐면, 제가 1년 만에 다시 접속했는데도 플레이에 전혀 지장이 없었어요. 게임에서 루비로 아이템을 많이 살 수 있어요. 진짜 얻기 힘든 거거든요. 게임 그만두기 전에 루비를 몽땅 써버렸는데도 몇 천 개가 늘어 있는 거예요."

"루비가 꼭 선물 같았겠구나."

"한참 생각해 봤어요. 어쩌면 그 애는 이 게임을 통해 나랑 소통하고 싶었던 게 아닐까. 전 그것도 모르고 혼자

만의 우울감에 매몰돼 있었어요. 그날 약속도 그 애가 자꾸 연락해서 할 수 없이 나간 거거든요. 줄곧 자책했어요. 왜 처음부터 친구가 아픈 걸 눈치채지 못했는지. 그때 바로 병원에 데려갔더라면 그 애는 살았을지도 몰라요. 그 애가 토해서 내 외투가 더러워진 것 때문에 기차에서도 화를 냈어요. 나중에는 이 일을 떠올릴 엄두조차 나지 않았고 게임 계정에도 못 들어갔어요. 내가 게임을 더 빨리했더라면 좋았을 걸…. 지금도 그 애가 살아 있는 것만 같아요."

여기까지 말을 내뱉은 샤오멍은 숨죽여 울었다.

나는 말을 건네는 대신 아이가 잠시 울도록 내버려두었다. 샤오멍이 눈물을 닦는 모습을 보며 내가 물었다.
"그 게임 앞으로도 계속할 거니?"

"네. 오래 하진 못해도 가끔씩 들어가 보려고요."

목 놓아 울던 샤오멍은 다시 고개를 들어 올렸다. 한바탕 큰비가 지나간 뒤 맑게 갠 하늘처럼 샤오멍의 얼굴에 다시 생기가 감돌았다.

"친구 보러 가는 것 같겠네." 내가 말했다.

그러자 샤오멍이 눈물이 맺힌 채로 미소를 지었다.

사실 저도 아빠의 행복에
걸림돌이 돼서는 안 된다는 걸 알아요

두피가 보일 정도로
머리카락을 뽑은 포니테일 소녀

**아빠에게 나보다
소중한 존재가 생겼다**

진료를 마친 어느 날이었다. 간호사가 내 표정을 보며 무슨 기분 좋은 일이 있느냐고 물었다. 나는 미소 띤 얼굴로 컴퓨터 전원을 끄며 조금 전 진료실을 나간 쯔닝 부녀의 지난 3년간의 이야기를 들려줬다.

쯔닝이 발모벽으로 처음 병원을 찾았을 때는 아직 중학생이었다. 발모벽이란 머리카락, 눈썹, 속눈썹 등 자기 몸의 털을 뽑고 싶은 충동을 억제하지 못하는 질환으로 환자마다 증상이 천차만별이다. 진료를 보는 동안에도 쯔닝은 손을 한시도 가만두지 못했다. 팔에 난 솜털을 수시로 잡아 뽑는 통에 살갗이 불그죽죽했다. 뒤로 바짝 묶어 올린 머리도 자세히 보면 군데군데 비어 있었다. 아빠는 아이 방에 가보면 늘 머리카락이 굴러다니는데, 쓰레받기에 쓸어 담으면 수북할 정도라고 했다. 아이에게 수시로 주의를 주지만 그때뿐이었다. 증상은 호전과 악화를 반복할 뿐, 완치될 조짐을 보이지 않았다.

나는 쯔닝에게 행동인지 치료를 받아보라고 권했다. 증상이 잠시 호전되는 듯하다 치료가 끝나자 재발했다. 게다가 팔을 쥐어뜯는 자해 행동까지 추가됐다. 약물 치료도 해 봤지만 효과는 단기적으로 나타났다.

나는 담당 의사로서 좌절감과 무력감을 느꼈다. 이 까다로운 질병을 어떻게 치료해야 할지 막막했다. 쯔닝의 행위 이면에는 심리적 원인이 있는 게 분명했다. 그러나 상담 시간은 한정되어 있어 깊이 있는 대화를 나누기 어려웠다.

나는 매번 자신을 채찍질하며 다음 예약을 잡았다. 놀랍게도 쯔닝은 진료를 한 번도 빼먹지 않았다. 예약한 날짜마다 꼬박꼬박 찾아와 지난 한 달간 있었던 일을 전부 이야기했다. 반에 있는 어떤 무리가 짜증 난다든가, 영어 선생님이 마음에 안 든다든가, 학원 선생님이 재밌다든가, 친한 친구랑 싸웠다든가 하는 일상 얘기가 대부분이었다. 나는 주로 듣기만 했다. 마치 방과 후 집에 돌아온 아이의 수다를 들어주는 엄마처럼.

쯔닝 엄마는 동생을 낳은 지 얼마 안 돼 교통사고로 세상을 떠났다. 쯔닝이 유치원생일 때였다. 그로부터 몇 년 후, 아빠는 오 씨 아주머니와 교제하기 시작했다. 그러나 두 남매를 아끼고 사랑하는 마음은 변함없었다. 다만, 아빠의 애인을 아이들이 어떻게 받아들일지 깊이 생각해본 적이 없는 듯했다. 아빠는 보통 아이들이 잠들면 몰래 나가서 데이트를 즐기다 새벽녘에 돌아오곤 했다. 시간이 지나면서 아이들은 아빠가 밤마다 밖에서 누구를 만나는지 자연스레 알게 됐다.

"사실 저도 아빠의 행복에 걸림돌이 돼서는 안 된다는 걸 알아요. 하지만 아침에 일어나 텅 빈 아빠 침대를 볼 때마다 저도 모르게 울컥해요."

오롯이 사랑받지
못하는 슬픔

쯔닝은 조숙하면서도 감수성이 예민한 아이였다. "아빠가 우리와 한 약속을 어길 때마다 너무 화나요. 지난번에도 저랑 동생을 야시장에 데려가 준다고 해놓고, 오 씨 아줌마를 데려왔지 뭐예요. 아줌마는 그렇다 쳐요, 그 아줌마 아들하고 조카까지 왔다니까요."

"그래도 아빠가 너희 둘을 야시장에 데려갔으니 약속을 어겼다고 보긴 어렵지 않을까?" 나는 슬쩍 떠보듯이 물었다.

"그건 그렇지만, 기분이 확 나빠졌어요. 아줌마 아들하고 조카한테 나쁜 감정은 없지만, 제가 기대했던 것과 너무 달랐어요." 쯔닝이 억울한 표정을 지으며 말했다.

"세 식구만 재밌게 놀 줄 알았는데, 갑자기 다른 사람이 끼어드는 바람에 기분이 안 좋았구나."

"맞아요. 사실 야시장에서 맘에 드는 옷이 보이면 아빠한테 사달라고 조르거든요. 그러면 아빠는 못 이기는 척 우리한테 한 벌씩 사 주세요. 그날은 아줌마 일행이 있어서 아무 말도 못 했어요. 아빠가 그 사람들 것까지 다 사줄 것 같아서요. 비싼 건 아니지만, 그래도 사람 수대로 사주면 꽤 큰돈이 들잖아요. 아빠가 고생해서 번 돈인데 허투루 쓰게 하고 싶지 않아요. 옷값도, 밥값도 다 우리 아빠 지갑에서 나가는 건데…."

쯔닝이 머리카락 끝을 손가락으로 배배 꼬며 말했다. 발모벽이 있는 데다 뭔가 고민할 때마다 나오는 이 버릇 때문에 머리카락이 더 많이 빠지는 듯했다.

"이제 보니 너한테 돈은 아빠의 사랑을 상징하는구

나. 아빠의 사랑은 한정되어 있는데, 그걸 너랑 아무 상관도 없는 사람들한테 나눠줘야 하니까 마음이 불편한 거야. 나는 그 마음을 충분히 이해한단다."

순간 쯔닝의 굳었던 표정이 한결 부드럽게 풀어졌다.

그동안 쯔닝은 주위 어른들로부터 "착하게 굴어야지.", "의젓하게 행동해.", "아빠를 이해해 주렴." 같은 말을 수없이 들으며 자라 왔다. 그 정도쯤은 아이도 이미 잘 알고 있었다. 또 그런 사람이 되고자 노력해 왔다. 지금 쯔닝에게 필요한 건 어른들의 조언이나 가르침 따위가 아니었다.

아이들은 타인에게 이해와 포용을 받아야 비로소 세상을 탐색하고 앞으로 나아갈 원동력을 얻는다. 이런 역할은 보통 부모나 주위 사람이 맡는 게 이상적이지만, 가끔은 나 같은 의사가 작게나마 힘을 보태야 할 때도 있다.

한번은 아빠가 오 씨 아주머니 집을 자주 드나드는 일로 말다툼이 벌어졌다. 당시 고등학생이던 쯔닝이 울상을 지으며 찾아와 내게 하소연했다.

"아빠도 진짜 너무해요. 동생은 이제 고작 초등학교 6학년인데 걸핏하면 밤에 혼자 집에 두고 나간다니까요. 걔도 최근에 짜증이 부쩍 늘었어요. 어쩌면 저처럼 병원을 다녀야 할지도 몰라요."

쯔닝은 동생 얘기를 꺼내며 조심스레 자신의 심경을 토로했다.

"저번에도 학원 앞으로 마중 나온다고 해놓고 안 온 거예요. 아빠한테 전화했더니 오 씨 아줌마네 집에 전등을 고치러 갔대요. 그래서 짜증을 좀 냈더니 그냥 전화를 끊어버리는 거 있죠? 아니, 어떻게 그럴 수 있어요?"

아빠의 해명도 들어볼 필요가 있었다. 그래서 다음번에는 아빠와 함께 와달라고 부탁했다.

**사랑은
귀 기울일 때 시작된다**

야구모자에 운동복 차림으로 나타난 쯔닝 아빠는 또래보다 훨씬 젊어 보였다. 까무잡잡한 얼굴에 걸린 멋쩍은 미소가 홍콩 유명 배우 구톈러(古天樂)를 떠오르게 했다. 나는 아빠의 고충에 귀를 기울이는 한편, 쯔닝의 심정을 조심스레 전했다.

"요즘 회사 일이 바쁘기도 했고, 얼마 전 여자 친구 아버님도 돌아가셔서 이래저래 신경 쓸 게 많았습니다. 안 그래도 피곤해 죽겠는데 애가 자꾸 성질을 부리니까 저도 울화가 치밀더라고요. 이렇게 가다가는 저도 정신과를 다녀야 할지도 모르겠어요."

"쯔닝도 아빠가 얼마나 힘든지 잘 알아요. 다만 아빠와 보낼 수 있는 시간이 자꾸 줄어드는 게 못마땅한 거예요. 더구나 지금 고1이니까 2년만 지나면 대학에 들어가잖아요. 사실 아버님은 따님과 사이가 무척 좋은 편이에요. 원래 쯔닝 또래의 여자애들은 아빠한테 살갑지 않거든요. 이것만 봐도 쯔닝이 아빠를 얼마나 사랑하는지 알 수 있어요." 나는 아빠가 이해하기 쉽도록 차근차근 설명했다.

아빠는 고개를 끄덕이며 감상에 젖은 얼굴로 입을 열었다. "저도 애하고 함께할 수 있는 시간이 많이 남지 않았다는 걸 알고 있습니다. 쯔닝도 대학생이 되면 저한테서 슬슬 독립하겠죠. 늦었지만 지금부터라도 노력해 보겠습니다. 선생님, 쯔닝 얘기를 들어주느라 많이 힘드시죠? 정말 감사합니다."

하루는 쯔닝이 진료실에 들어오자마자 상기된 목소리로 다음 달에 아빠와 프랑스 파리에 가기로 했다고 알려줬다.

"쯔닝이 전에 과학전람회에 출전한 적 있거든요. 그때 출품한 작품을 프랑스 파리 발명대회에도 냈는데 얼마 전 입상했다는 연락을 받았습니다. 요 며칠 비행기 표도 예약하고 숙소도 알아보는 중입니다."

"선생님, 제가 전에 말한 적 있죠? 운전자가 주행 중에 길을 양보하기 쉽도록 주변에 소방차나 경찰차가 나타나면 바로 알려주는 장치를 개발해 자동차에 부착하면 좋겠다고요. 학교 선생님은 조금 회의적이었는데, 아빠가 대학 교수님을 만나고 오더니 대뜸 참가해 보라는 거예요. 설마 진짜로 입상할 줄이야."

쯔닝은 흥분을 감추지 못하고 조잘거렸다.

"사실 저는 이쪽 분야에 대해선 잘 모릅니다. 그런데 제가 아는 교수님이 우리 애가 재능이 있다고 말씀하더라고요. 이런 아이디어는 누구나 생각해 낼 수 있는 게 아니라면서. 그래서 혹시나 하고 권해본 건데, 입선할 줄은 상상도 못 했습니다." 아빠의 얼굴에도 환한 미소가 번졌다.

"저 어떡하면 좋죠?" 쯔닝이 갑자기 한숨을 푹 내쉬었다. 나와 쯔닝 아빠는 영문을 알 수 없었다. "프랑스 사람들은 패션 감각이 좋다던데, 저만 촌스럽게 보일까 봐 걱정돼요."

쯔닝의 달콤한 고민은 좀처럼 끝날 줄 몰랐다. "뭘 입고 가면 좋을까요?", "저 영어도 못 하는데, 불어는 어떻게 하죠?", "노트르담 대성당이 화재 때문에 보수 중이라 관람할 수 없다니 너무 아쉬워요" 등등. 그러나 걱정하는 말투와 달리 쯔닝의 얼굴은 기대감으로 한껏 부풀어 있었다.

"아, 갑자기 생각났는데, 요즘은 얘가 머리카락 뽑는 걸 거의 못 봤어요." 쯔닝 아빠가 진료실을 나가다 말고 불쑥 말을 꺼냈다.

그 말을 듣고 나는 곰곰이 생각해 봤다. 어쩌면 발모벽이란 약한 강도의 자해가 아닐까? 자신을 상처 입히는 행위 이면에는 자신을 알아봐 주고 사랑해 주길 바라는 마음이 담겨 있을지도 모른다.

소아정신과 의사는 아이의 부모나 친구, 형제자매, 선생님을 연기해야 할 때가 적지 않다. 무슨 역할이 주어지든 좌절하지 않고 끝까지 아이들의 목소리에 귀를 기울인다면 분명히 좋은 결실을 거둘 수 있으리라 믿는다.

가끔은 내 자신이 끔찍해요

엄마의 애인들 때문에
자해하는 중학생 샤오마이

대화가 안 될 때마다
자해하는 아이

처음 진료실을 찾은 샤오마이는 그야말로 '개봉 전부터 주목받은 화제작' 같은 존재였다.

어느 날, 진료 시작 전에 내선전화가 한 통 걸려왔다.

"셰 선생님, ○○중학교 학습도움반 교사라는데 연결해 드릴까요?" 안내데스크 직원이 나긋나긋한 목소리로 물었다. 나는 미간을 찌푸렸다. 경험상 이런 전화가 좋은 소식을 전해줄 가능성이 극히 낮았다.

"네, 연결해 주세요."

이내 수화기 너머로 다급함이 느껴지는 목소리가 들

렸다.

"셰 선생님이신가요? 저는 ○○중학교 학습도움반 교사예요. 오후에 예약된 샤오마이라는 환자가 제 학생이에요."

"잠깐만요. 이 아이가 저한테 진료를 받은 적이 있나요?" 이름만 들어서는 누군지 기억나지 않았다.

"아니에요. 오늘이 처음이에요. 그런데 이 학생 상황이 남달라서 먼저 설명을 드렸으면 해요."

학습도움반 교사는 전하고 싶은 말을 와락 쏟아냈다. 설명에 따르면, 이 여자아이가 자신에게 너무 의존적이라는 것이다. 아이가 원할 때마다 대화에 응해주지 않으면 손목을 긋겠다며 협박할 정도로 의존 정도가 심각했다. 이미 두 손 두 발 다 든 것처럼 보였다.

"제가 교실에서 수업할 때 벌어진 일이에요. 샤오마이가 느닷없이 화가 폭발해서 학습도움반으로 달려가 저를 찾았더랍니다. 그런데 제가 안 보이니까 홧김에 처방받은 약을 한꺼번에 삼켜버렸대요. 현장에 있던 사람 모두 깜짝 놀라 아이를 황급히 병원으로 보내 위세척을 받게 했습니다. 다행히도 건강에는 큰 지장이 없었어요. 제가 드리고 싶은 말은, 약 처방할 때 그 아이가 몽땅 삼킬 수도 있다는 걸 염두에 두시라는 거예요."

본격적인 진료를 시작하기도 전에 장장 10여 분에 걸쳐 샤오마이의 사연을 듣고 나니, 그야말로 아찔했다. 아이를 만나기도 전에 벌써 머리가 지끈거렸다.

샤오마이가 나를 찾아왔다. 멀건 눈망울에 키가 훌쩍 컸으며 말하는 걸 보면 꽤나 성숙해서 중1 같지 않았다. 사회인처럼 보일 정도였다.

진료에 동행한 아주머니와 아이 사이에는 거리감이 느껴졌다. 아주머니는 뒤편 의자에 자리 잡고 휴대전화만 만지작거리며 고개도 들지 않았다. 초면이라서인지 샤오마이는 예의 바르게 말했다. 학습도움반 교사의 말처럼 골칫덩이로는 절대 보이지 않았다.

첫 진료라서인지 샤오마이는 방어적인 태도를 보이며 모든 일에 관해 두루뭉술하게 설명했다. 그래서 아주머니가 진료에 동행한 이유나 선생님이 들려준 사고에 대해서도 깊이 생각해 보지 못했다. 그저 샤오마이가 호소하는 식욕부진과 수면장애 증상에 가벼운 약을 처방하고, 같은 반 친구들 그룹에 대해서 이야기 나눴을 뿐이었다. 첫 진료는 이렇게 마무리됐다.

엄마의 애인들

한 주 걸러 나를 찾아온 샤오마이는 나와 단둘이서 이야기하겠다며 아주머니를 밖으로 내쫓았다.

"저분이 혹시 네 이모니?" 내가 물었다.

"맞아요."

"엄마를 대신해서 오신 거고?"

"네. 엄마는 자거든요."

"주무신다고? 일이 힘드신가 보네."

"밤에 일하고 낮에는 자요."

"그래? 무슨 일을 하시는데?"

"식당 일이요. 맞다. 저 잠을 통 못 자는데요, 저번에 지어주신 약은 하나도 안 들어요. 이번에 좀 많이 처방해주시면 안 돼요?" 샤오마이는 화제를 노골적으로 다른 쪽으로 돌렸다.

나 역시 작전을 바꿔 엄마와 관련한 주제에서는 발을 빼고, 학교 이야기를 나눴다. 약을 필요 이상으로 처방하지 않은 건 물론이고, 아이 이모에게 약 먹는 걸 지켜봐달라고 신신당부했다. 비록 그분은 정신이 다른 데 팔려 있었지만.

또 한 주가 지났다. 이모가 진료실을 떠나자 샤오마이는 별안간 잔뜩 신이 나서 말했다.

"저 오늘 3천 대만달러(한화로 약 12만 원-옮긴이) 벌었어요."

"응? 어떻게?"

"엄마 애인이 줬어요."

샤오마이의 부모님은 일찌감치 이혼했는데 아빠와는 소식이 끊겼다. 지금 아이는 엄마, 이모와 함께 살고 있다.

"손이 크시구나. 뭐 하시는 분인데?" 나는 문득 궁금해졌다.

샤오마이의 얼굴에는 미묘한 미소가 떠올랐다.

"이번에는 사장님이에요."

"이번? 그러면 전에도 있었어?"

"전이요?" 샤오마이는 그건 약과라는 듯 웃음을 터뜨렸다. "지금도 엄청 많은데요."

집 안의 숟가락 개수 헤아리듯 엄마 애인들을 손꼽아 세는 샤오마이가 미주알고주알 이야기했다.

애인 1호는 타이중에 거주하는데 매번 차를 몰고 와서 엄마를 찾는다. 하지만 쩨쩨해서 데이트할 때도 노점 음식만 찾는다. 그래서 엄마가 별로 안 좋아하고 다른 애인들과 시간이 안 맞을 때만 만난다.

애인 2호는 꽃미남인데 최근에 교통사고를 당했다. 엄마가 종종 밥을 싸들고 가서 챙겨준다. 엄마는 "친구니까 신경 쓰는 것뿐이야."라고 한다. 샤오마이는 2호가 싫다. 엄마 앞에서만 잘해주고 엄마가 자리를 뜨자마자 얼굴을 싹 바꾸니까. 샤오마이가 보기에는 엄청 가식적인 사람이다.

애인 3호는 늙은이로 매번 집에 과일을 싸들고 오는데 금방 가버린다. 샤오마이도 뭐 하는 사람인지 잘 모른다.

애인 4호가 바로 사장으로 엄마가 가장 최근에 만난 사람이다. 비싼 차를 끌고 다니며 씀씀이가 커서 식사 때마다 무조건 고급 레스토랑으로 데려간다. 샤오마이도 불러다 마음껏 먹게 해준다. 엄마 말로는 유명인사라서 신분을 노출해서는 안 되고 밖에서도 조심해야 한단다.

"그 사람 분명 부인도 있다니까요! 쉰 살 넘어 보이는데 어떻게 결혼을 안 했겠어요?" 샤오마이는 거드름을 피우며 품평했다.

"이분이 가장 마음에 드는 이유는 뭐니?" 속으로는 꽤 놀랐지만, 샤오마이의 속내가 알고 싶었다. 샤오마이는 지나치게 해맑은 미소를 지었다.

"설날에 엄마하고 그 아저씨랑 외식했거든요. 반 정도 먹었을 때 저한테 봉투를 내밀면서 이러는 거예요. '나한테 오빠, 새해 복 많이 받으세요 말하면 이 세뱃돈 줄게.'라고. 옆에서 엄마가 자꾸 눈치를 주니까 시키는

대로 했어요. 그런데 그 안에 얼마나 들었는지 아세요? 1만 대만달러(한화로 약 42만 원-옮긴이)요!"

당시 상황을 머릿속에 그려보니 몹시 괴로웠다. 샤오마이는 계속 주절거리며 결국 그 돈을 엄마에게 뺏기고 한 푼도 받지 못했다는 둥 엄마가 싫다는 둥의 말을 했다. 나는 샤오마이의 손목에 빼곡히 새겨진 상처들을 보며, 가끔씩 자기 자신이 끔찍하게 느껴지고 까닭 없이 분노가 치솟는다고 한 아이의 말을 떠올렸다.

샤오마이는 매주 찾아와 내게 엄마와 애인들에 관한 이야기를 들려주었다.

도움을 주기 위한
적당한 거리는 얼마일까

알고 보니 샤오마이의 엄마는 나이트클럽에서 일을 했다. 아이를 데리고 병원에 오는 이모라는 사람은 나이트클럽에서 카운터를 봤으며 본인도 우울증을 앓고 있었다. 엄마는 매일 동틀 무렵이 돼서야 곤드레만드레 취해 집으로 돌아왔다. 술에서 깨면 머리가 깨질 것 같다며 샤오마이에게 마구 성질을 부렸다. 그런데도 샤오마이는 엄마에게 껌딱지처럼 들러붙었다. 엄마가 애인과 데이트하러 가는 걸 알면서도 외출할 때마다 같이 가자고 졸

라댔다.

이미 샤오마이에게는 적잖은 사회적 지원과 도움이 쏟아지고 있었다. 세 명 이상의 사회복지사가 따라붙었지만, 샤오마이는 전부 무시했다.

"그 사람들은 나를 엄마한테서 떼어놓으려는 것 같아요." 샤오마이는 이렇게 말했다.

나는 샤오마이의 혼란을 조금이나마 덜어줄 수 있는 그릇이 되고자 노력했다. 아주 조금이라도 상관없었다. 물을 미리 조심스레 퍼내지 않으면 머지않아 철철 넘칠 것 같았기 때문이다.

언젠가 샤오마이는 역겹다는 말을 하기도 했다.

"진짜 못 참겠어요. 엄마는 매번 애인을 집으로 데려와요. 저번에 그 짓거리를 벌이는 걸 봤어요. 이번이 처음이 아니라니까요. 정말 왜 그러는지 문도 안 닫아요. 절대로 일부러 훔쳐본 게 아니에요."

날이 갈수록 상황이 안 좋은 쪽으로 흘러갔다. 샤오마이와 이모에게 엄마를 진료실로 모셔오라고 거듭 요청했지만 엄마는 끝내 모습을 드러내지 않았다. 그래서 나는 병원 사회복지사에게 샤오마이 가정을 어떻게 돕고 있는지 알아봐 달라고 했다. 그 결과 샤오마이는 그 다음 주 진료 예약을 펑크 내고 말았다. 사연인즉슨, 병원 사회복지사가 샤오마이와 이모를 면담하고 전화상으로 엄마의 병원 예약을 잡자, 화가 잔뜩 난 엄마가 아이 진료마저 못 가게 막은 것이다. 그 이후로 샤오마이는 집에서 또다시 한꺼번에 약을 삼켜버렸다.

사회복지사는 어쩔 수 없다는 듯이 말했다.

"사실 학교에서도 그 집에 여러 번 통보했어요. 그런데 엄마의 역할 수행도 그럭저럭 이뤄지고, 경제 상황도 나쁘지 않아서 몇 차례 관찰 끝에 개입이 종결됐어요. 자살 고위험군, 취약 가정으로 보고를 올렸지만 심의에서 받아들여지지 않았어요. 두 모녀가 개입을 거부하기 때문에 더 이상의 지원은 하기 어려운 상황이에요."

"샤오마이는 학교에도 잘 안 간다고 해요. 사회복지사가 학교로 찾아오는 게 싫었던 모양이에요."

모니터에 '미진료'로 뜨는 샤오마이의 이름을 나는 지긋이 바라보았다. 우리 모두 너무 성급했다는 걸 속으로는 잘 알고 있었다.

나는 소아정신과 의사로 몇 년간 일하며 정신과에도 응급환자 분류 체계가 필요하다는 생각이 들었다. 세상에는 간신히 균형을 유지하며, 나름의 독특한 방식으로 꾸려지는 가정이 많다. 그렇기에 의사는 되도록 섬세하고도 조심스러운 손길로 지원해야 한다. 자칫 너무 크게 움직였다가는 마치 블록으로 쌓은 탑의 맨 밑단을 뺀 것처럼 모든 것이 와르르 무너져버릴 수 있기 때문이다.

우리가 아이들을 도우려 해도 아이들은 선의를 느낄 만큼 성숙하지 않다. 그리고 '엄마를 잃을지도 모른다'는 두려움을 이겨낼 만큼 독립적이지도 강인하지도 않다. 따라서 우리는 물을 휘젓는 '노'처럼 아이들을 도와야 한다. 수면 바닥까지 내려가서 가장 혼탁하며 베일에 싸인 것들을 전부 퍼 올려야 하는 것이다.

어쩌면 지금의 사회와 의료계가 제공하는 지원들이 부실하고 융통성이 없는 반면, 아이와 엄마의 마음은 너무 연약하고 소심했는지도 모른다. 현행 제도에 따라 우리 아이들과 가정을 적당한 거리에서 따스하게 보살피려면, 앞으로도 아득히 먼 길을 지나야 한다. 부디 우리 손길이 미치기 전에 너무 많은 아이가 절망에 빠지지 않기를 바라는 마음뿐이다.

모든 게 다 거짓 같아요

아빠의 외도를 알아챈
중학생 샤오위

울분의 표적은
엄마가 아니라 아빠였다

설 연휴 전에는 진료실 앞이 항상 환자들로 북적거린다. 오전부터 정신없이 바쁘다가 잠깐 한가해졌을 때였다. 모자로 보이는 두 사람이 진료실 문을 열고 들어왔다. 손에는 각각 커피와 쇼핑백이 들려 있었다.

나는 원래 기억력이 나빠 사람 이름을 잘 기억하지 못한다. 한동안 발길이 뜸했던 두 사람을 다시 만나 반가운 것도 잠시, 이름이 곧바로 떠오르지 않아 난감했다. 사춘기 소년은 내게 수줍은 목소리로 새해 인사를 건네며 커피와 육포 선물 세트를 내밀었다. 나는 당황함을 감추며 서둘러 안부를 물었다. "요즘은 어떻게 지내니?"

엄마가 빙긋 웃으며 대신 대답했다. "잘 지내요. 제 말도 잘 듣고요."

아이가 엄마를 슬쩍 째려보며 구시렁거렸다. "그런 말은 뭐 하러 해요?"

티격태격하는 두 사람을 보자 지난 기억이 새록새록 떠올랐다.

이 잘생긴 소년의 이름은 샤오위(曉宇)였다. 중학교 1학년 학기 초에 엄마 손에 이끌려 야간 진료를 보러 왔다. 초진 문진표에는 성숙한 글씨체로 '감정 기복이 심함'이라고 적혀 있었다. 엄마가 작성한 게 틀림없었다.

인사를 가볍게 주고받은 후 나는 아이에게 물었다. "샤오위, 오늘 무슨 일로 여기에 온 것 같니?"

"왜 왔냐고요? 그건 엄마한테 물어보세요." 샤오위는 '흥!' 하고 콧방귀를 뀌며 옆에 앉은 엄마를 흘겨봤다.

단아한 분위기를 풍기는 엄마가 나긋나긋한 목소리로 대답했다. "최근 들어 애가 감정 기복이 심해요. 별말 안 했는데 버럭 소리를 질러요." 이때 샤오위가 갑자기 진료실이 떠나가라 외쳤다. "그게 다 누구 때문인데! 어른들도 잘한 게 하나도 없잖아!"

샤오위의 분노에 찬 외침에 엄마는 동요했지만, 호트

러진 모습을 보이지 않으려 애썼다. 그러나 눈가는 이미 붉게 달아올라 있었다.

"아무리 그래도… 그렇게 사납게 굴 필요는 없잖니? 정 그러면 네가 직접 선생님께 말씀드리렴, 난 나가 있을게."

엄마는 엄청난 자제력으로 무너지는 정신을 가까스로 부여잡으며 중얼거렸다. 자신마저 이성의 끈을 놓칠까 봐 두려운 동시에 샤오위가 또다시 폭발할까 봐 불안해했다. 엄마가 밖으로 나간 후, 샤오위는 입술을 앙다물고 두 주먹을 부르쥔 채 망부석처럼 우두커니 앉아 있었다.

"엄마한테 화가 많이 났나 보구나. 이유가 뭐니?" 잠시 후, 나는 차갑게 얼어붙은 진료실의 공기를 깨뜨리며 물었다. 그때까지 말없이 눈물만 흘리던 샤오위가 천천히 입을 열었다.

"사실 엄마한테 화난 게 아니에요."

"그러면 누구 때문이니?"

"아빠요."

그때 나는 문득 일본 만화 《도라에몽》에 나온 발명품 하나가 생각났다. 말하는 사람의 기분이나 감정에 따라 글자가 형체를 갖추도록 만드는 도구였다. 만화 속에서 갑자기 커다란 글자가 튀어나와 사람을 깔아뭉개는 해프

닝이 벌어지기도 했다. 만약 방금 전 샤오위가 이 도구를 썼다면 지금쯤 내 눈앞에는 단단한 무쇠 재질로 된 '아빠'라는 글자가 불에 활활 타고 있었을 것이다.

어그러진 정상궤도

"대체 아빠가 무슨 잘못을 했기에 그러니?" 나는 질문을 이어나갔다.

"아빠는 제가 어릴 때부터 무지 엄격했어요. 매일같이 열심히 공부하라고 다그쳤죠. 중학교에 들어가고 나선 더 심해졌어요. 시험에서 한 문제만 틀려도 귀에 따가울 정도로 설교를 해댔어요. 자기는 중학교 때부터 정신을 차리고 죽자 사자 공부해서 성적을 단숨에 끌어올렸다면서… 그 덕에 지금 좋은 직장도 다니고 우리 가족을 먹여 살릴 수 있는 거라면서, 쳇!"

샤오위는 아빠에 대한 불만을 속사포처럼 쏟아냈다.

"아빠한테 혼나거나 매를 맞으면 속상해서 엄마한테 달려갔어요. 그러면 엄마는 매번 아빠 편을 들었어요. 어려서부터 온갖 고생을 하며 자란 데다 자식이 저 하나뿐이라 그런 거라고. 제가 아빠처럼 크길 바란다는데…."

샤오위는 갑자기 격양된 목소리로 소리쳤다.

"저더러 불륜이나 저지르라는 건가요?"

며칠 전, 아빠가 학교 숙제를 봐주다가 잠시 자리를 비웠을 때였다. 샤오위는 책상 위에 놓인 아빠 휴대전화를 보자 슬쩍 엿보고 싶은 충동이 일었다. 몇 번의 시도 끝에 잠금화면이 해제됐다. 액정에는 마침 카메라 앱이 켜져 있었는데, 좌측 하단에 아빠가 의문의 여성과 함께 있는 사진이 작게 떠 있었다.

"진짜 못생겼어요! 화장도 엄청 진하고, 아빠는 대체 어디에 끌린 걸까요?" 샤오위가 씩씩거리며 말했다.

샤오위는 휴대전화를 들고 잠시 머뭇거리다 결국 사진첩을 열어봤다. 사진 속 아빠는 평소 집에서 보던 기고만장한 표정이 아니었다. 만면에 웃음을 지은 채 낯선 여자를 부둥켜안고 있었다. 심지어 키스하는 사진도 있었다.

사진에 한창 정신이 팔려 있는데, 갑자기 휴대전화에서 '띠링' 소리가 울렸다. 문자 메시지 알림음이었다. 순간 너무 놀라서 휴대전화를 떨어뜨릴 뻔했다. 애써 진정하고 메시지를 확인해 보니 그 여자가 보낸 것이었다. '자기야, 집이야? 보고 싶어!'

닭살 돋는 이모티콘이 잔뜩 달린 메시지를 보자 샤오위는 구역질이 치밀었다. 옆방에 있던 아빠가 알림음을 듣고 황급히 돌아와 메시지를 확인했다. 그러고는 답장은 생략한 채 샤오위 옆에 조용히 앉았다.

샤오위의 머릿속은 온통 방금 전 봤던 사진으로 가득 차 있었다. 교과서 속 연립일차방정식은 더 이상 눈에 들어오지 않았다. 옆에서 아빠가 호되게 꾸짖었지만 한 귀로 듣고 흘려버렸다.

"자꾸만 이런 생각이 들더라고요. 한 사람이 동시에 두 사람을 사랑하는 게 가능할까? 불가능하다면 아빠는 엄마를 사랑하지 않는 걸까? 그러면 나도 마찬가지지 않을까?"

샤오위는 연립일차방정식보다 천만 배는 더 난해해 보이는 문제에 골몰했다.

"제가 자꾸 딴생각을 하니까 아빠도 결국 포기하고 나가버렸어요. 방에 혼자 있는데 눈물이 왈칵 나오더라고요. 아빠가 좀 무섭긴 했지만 우리 가족이 나름 행복하다고 생각했거든요. 단지 저에 대한 기대가 커서 그런 줄 알았는데, 지금은 모든 게 다 거짓 같아요…."

샤오위는 일주일 정도 고민하다가 아빠의 외도 사실을 엄마에게 알렸다.

"엄마 반응은 어땠니?" 내가 물었다.

"침착했어요. 아니, 침착하단 표현은 안 어울리네요. 아까 선생님도 보셨다시피 엄마는 충격을 받아도 티를 안 내려고 해요. 그런데 전 알아요. 엄마도 아빠한테 많이 실망하고 화났다는 걸요."

"그러고 나서는?"

"그 뒤로 얼마나 웃겼는 줄 아세요? 갑자기 제 앞에서 사이좋은 부부 행세를 하더라고요! 그 말도 안 되는 연극에 장단 맞추기가 너무 힘들었어요. 며칠 뒤에 엄마에게 슬쩍 물어보니까 아빠가 자기 잘못을 순순히 인정해서 용서해 주기로 했대요. 그리고 아빠가 절 사랑하는 건 진심이니까 제발 화 좀 풀래요. 진짜 어이없어요!"

이제 보니 아빠를 향한 분노가 애꿎은 엄마에게 전가된 듯했다.

잠시 후, 나는 진료실에 들어온 엄마에게 넌지시 물어봤다. 과연 샤오위가 말한 대로였다. 엄마는 그 일을 입에 담는 것조차 꺼렸다. 모든 게 정상 궤도로 돌아왔다며 샤오위가 부디 너그러운 마음으로 아빠를 용서하길 바란다고 했다.

엄마의 눈물이
두 사람을 가까워지게 했다

그 뒤로 진료실에 올 때마다 샤오위는 늘 부루퉁한 얼굴이었다. 반면 엄마는 샤오위에게 약한 모습을 보이지 않으려고 애썼다.

이런 상황이 반복되던 어느 날, 샤오위가 울분을 터뜨렸다. "아빠가 그 여자랑 계속 만나고 있었어요! 제가 모를 줄 알았나 봐요. 폰 비번을 엄마 생일로 설정해 놓고 그 여자랑 몰래 연락하고 있더라고요. 진짜 역겨워요! 실은 엄마 태도에 더 화가 나요. 왜 자꾸 바보처럼 구는지 모르겠어요. 제가 아빠 폰에서 뭘 봤는지 알려줘도 전부 오해라면서 회사 일로 연락하는 것뿐이래요. 그 여자랑 밖에서 데이트한 사진도 있는데, 엄마는 제가 바보인 줄 아나 봐요!"

그날 나는 샤오위와 엄마 사이에 커다란 장벽이 놓여 있음을 깨달았다. 엄마를 서둘러 진료실로 불러들였다.

"어머님, 샤오위는 철부지가 아니에요. 아시잖아요, 누구보다 엄마를 잘 이해하고 있어요. 사랑하는 엄마가 혼자 속으로 삭이기만 하니까 아드님이 대신 분노하는 거예요."

내 말을 들은 엄마의 눈에서 갑자기 눈물이 폭포수처럼 쏟아졌다. 줄곧 등을 보이고 앉아 있던 샤오위가 서서히 엄마를 향해 돌아앉았다. 꽉 움켜쥔 주먹에서도 서서히 힘이 빠졌다.

"애한테 우는 모습 보여주기 정말 싫었는데… 눈물 쏟게 만들다니 정말 너무하세요. 저는 그저 샤오위한테 온

전한 가족을 만들어주고 싶었을 뿐이라고요. 저라고 왜 화가 안 나겠어요? 저도 감정이 있는 사람인데. 하지만 그런다고 뭐가 달라지나요?"

"엄마, 아빠하고 그 여자를 고소하면 돼요. 내가 알아보니까 흥신소에 의뢰해 바람피운 증거만 확보하면 거리에 나앉게 만들 수도 있대요. 아빠한테 위자료 받아서 우리끼리 나가 살아요."

나는 불현듯 샤오위가 훌쩍 커버린 느낌이 들었다.

"어머님이 아무리 강한 척해도 아이는 다 알아요. 가정이 흔들리면 직감으로 알아채죠. 이대로 가다간 어머님과 샤오위 사이마저 멀어질 테니, 아이한테 본인의 감정을 적당한 선에서 표출하세요. 그래야 샤오위도 배신감을 느끼지 않을 거예요." 나는 차분하게 설명했다.

그날 이후 샤오위 엄마가 자신의 감정을 조금씩 드러내면서 모자 사이도 다시 급속도로 가까워졌다.

그다음 주, 샤오위가 드디어 미소 띤 얼굴로 진료실을 찾았다.

"엄마가 복수 대신 일을 다시 하기로 했어요."

"오, 정말? 원래 무슨 일을 하셨는데?"

"피아노 선생님이요. 엄청 잘 치세요. 절 낳고서 일을 그만뒀는데 이번에 다시 음악학원에 취직했어요. 한 방에 붙었다니까요." 샤오위가 자랑스럽게 말했다.

'어쩐지 풍기는 분위기가 예사롭지 않더라니.' 나는 속으로 생각했다.

"엄마가 그러는데 그 여자는 아빠 회사 동료래요. 어쩌면 엄마는 아빠한테 자신도 능력 있는 여자란 걸 보여 주고 싶었을지도 몰라요. 하지만 저는 그 인간한테 두 번 다시 기회를 주고 싶지 않아요. 엄마랑 둘이 나가 살려면 저도 얼른 커서 돈을 벌어야 할 텐데. 아무튼 엄마가 기운을 차려서 정말 다행이에요."

나는 샤오위의 당찬 모습을 보며 한시름을 놓았다. 아무리 거세고 높은 파도가 치더라도 이 두 사람은 서로 의지하며 잘 극복해 나갈 것이다.

됐어요,
전 혼자 노는 게 재미있어요

친구 얘기만 나오면
어두운 표정을 짓는 샤오즈

모두가 밀어내도,
엄마는 안아주었다

초등학교 4학년인 샤오즈는 상담 때마다 진료실에 활기를 불어넣는 특별한 아이였다. 첫 만남 때 진료를 시작한 지 채 5분도 되지 않아 샤오즈는 엉덩이를 들썩거렸다. 내가 엄마와 학교생활 이야기를 나누는 틈을 타서 진료실을 왔다 갔다 거리며 그림책이나 장난감을 탐색했다. 그러다 커다란 눈으로 내 쪽을 힐끗거리며 살살 눈치를 봤다.

"왜 그러니?" 아이의 행동을 지켜보던 내가 질문을 던졌다.

"어…." 자신의 모습을 들킨 게 민망했는지 아이는 작은 목소리로 물었다.

"이 장난감 가지고 놀아도 돼요?"

"그럼. 대신 다 놀고 나면 정리해야 한다."

샤오즈는 빙그레 웃으며 로봇을 철컥철컥 조립했다. 밝게 이야기하는 샤오즈의 엄마는 꽤나 수다스러운 사람 같았다. 아이를 향한 눈빛도 무척 따스했다.

"평소 수업 시간에도 좀이 쑤셔서 앉아 있지를 못해요. 집에서도 마찬가지고요. 따분해지면 흥밋거리를 찾아다녀요."

"샤오즈는 취미가 있나요?" 운동이나 게임 같은 답을 예상하며 던진 질문인데 아이 엄마는 뜻밖에도 웃음을 터뜨렸다.

"저 취미 엄청 많아요!" 샤오즈가 엄마 대신 우렁찬 목소리로 대답했다.

"그래? 그러면 몇 개만 말해봐."

"가장 큰 취미는 노래지. 〈북쪽으로 표류하다(漂向北方, 중국의 농촌 출신 노동자의 현실을 그린 노래-옮긴이)〉를 들려드리는 건 어때?" 웃으면서 노래를 추천한 엄마는 응원의 눈빛을 보냈다.

누군가는 고향에 빚을 져 방황하고

누군가는 무예를 익혀도 기회가 오지 않고

누군가는 자신을 잃어버린 채….

내 대답이 떨어지기도 전에 샤오즈는 낭랑한 목소리로 노래를 시작했다. 샤오즈가 부른 부분은 난도가 꽤 높은 랩 파트였다. 랩을 하며 제스처를 취하는 샤오즈 덕분에 진료실은 떠들썩한 콘서트장으로 변했다.

리듬감이 탁월한 샤오즈의 랩에 나와 간호사, 엄마까지 흥에 취해 어느새 까딱까딱 박자를 맞췄다. 노래를 마친 아이는 한술 더 떠 관중을 향해 손 키스를 날리고 허리 숙여 인사했다. 그러자 박수가 절로 터져 나왔.

엄마 말에 의하면, 샤오즈는 유튜브에 푹 빠져서 성제스(聖結石), 차이아가(蔡啊嘎) 같은 인기 유튜버의 채널을 구독했다고 한다. 최근 유행하는 챌린지나 각 나라에서 유행하는 커버 곡을 줄줄이 꿰고 있었다.

끼도 재능도 많은 아이지만 학교에서는 인기가 거의 없다고 했다.

"그럴 리가. 엄청 재미있어서 인기 많을 것 같은데."

"저도 몰라요. 다들 나랑 안 놀아줘요." 친구 얘기가 나오자 이내 샤오즈는 어두운 표정을 지으며 고개를 푹 숙였다.

"쳇, 놀기 싫음 놀지 말라 그래요. 전 혼자 노는 게 재미있어요."

엄마가 덧붙여 말했다. "애는 걸핏하면 화를 내요. 그것도 아주 심하게요. 직접 만든 장난감을 학교에 가져간 적이 있는데 친구가 실수로 망가뜨렸어요. 그걸로 폭발해서 책상까지 뒤엎는 바람에 친구가 잔뜩 겁을 먹었어요. 1~2학년 때만 해도 친구들이 애 때문에 울더라도 다음 날에는 같이 놀아줬거든요. 그런데 3~4학년쯤 되니까 앙심을 품고, 샤오즈는 화도 잘 내고 폭력을 휘두른다는 말을 퍼뜨리더라고요. 이런 말이 자꾸 돌아 가뜩이나 신경에 거슬리는데 친구들이 자극하더래요. '봐봐, 지금 또 화내고 있잖아.' 하면서."

ADHD(주의력 결핍 과잉행동 장애-옮긴이)를 앓는 아이들에게는 흔한 스토리다. 아이들의 증상은 주위 환경에 불리하게 작용하며, 나쁜 환경 때문에 증상이 더 악화되는 악순환을 낳는다.

약물 치료를 시작하자 샤오즈의 정서 불안이나 주의력 결핍 증상은 일부 개선되고 시험 성적도 눈에 띄게 향상됐다. 일주일에 몇 차례씩 성질을 부리던 것도 어쩌다 한 번으로 줄어들었다. 두 모자는 매월 꼬박꼬박 진료실을 찾았다. 아이는 나와 사이가 가까워지자 진료실 의자에 앉은 채 힙합 춤도 선보였으며 자신의 본모습도 모두 드러냈다.

어느 날 샤오즈가 진료실에 들입다 돌진하면서 내 의자를 쓰러뜨렸다.

"죄송해요. 아침에 정신이 없어서 약 먹이는 걸 또 잊었지 뭐예요." 아이 엄마는 염치없다는 듯 말했다. 샤오즈의 부모는 작은 가게를 운영하느라 매일같이 분주한 나날을 보냈다. 그런데도 짬을 내서 샤오즈를 데리고 병원에 다니는 것이었다.

무엇보다도 아이의 엉뚱한 행동을 꾸짖지 않고, 동참하거나 따뜻한 눈으로 바라봐 주는 엄마는 정말 보기 드물었다. 이런 두 모자가 소통하는 모습을 지켜볼 때마다 내게도 따스한 기운이 전해졌다.

길을 잃은 아이, 다시 가족에게로

한번은 내가 샤오즈에게 물었다. "최근 연습한 신곡 있어?" 아이는 요즘 노래 연습 대신 다른 걸 연구 중이라고 은밀하게 일러주었다.

어느새 다음 진료 날이 다가왔다. 간호사가 환자의 이

름을 부르고 진료실 문을 열었는데 아무도 들어오지 않았다. 이상해서 자리에서 일어나 보니 마침 샤오즈와 엄마가 무언가를 조심스레 맞든 채 꿎게 걸음으로 들어오고 있었다. 둘은 곧장 진찰용 의자 뒤편의 빈 공간으로 향하더니 손에 든 물건을 내려놓았다.

"여기 보세요. 이거 하느라 진짜 오래 걸렸어요. 그런데 1초면 끝난다고요!" 샤오즈는 잔뜩 흥분했다.

나를 비롯해 진료를 참관하는 레지던트와 인턴이 재빨리 그쪽으로 향하자 샤오즈와 엄마가 함께 "하나, 둘, 셋" 하고 카운트를 했다. 그와 동시에 손을 떼자 바닥에 겹겹이 놓인 아이스크림 막대가 마치 살아 있는 듯 차례로 톡톡 튀어 오르며 춤을 췄다. 우리는 환호성을 지르며 박수를 쳤다. 정말 불꽃놀이처럼 단숨에 끝나버렸다.

엄마의 설명에 의하면, 유튜버 차이아가가 최근에 선보인 아이스크림 막대 챌린지를 따라 한 것이란다. 샤오즈가 유튜브를 보고 저도 하고 싶다며 졸랐다고 한다. 어차피 진찰 대기 시간도 기니까 아이스크림 막대를 끼우고 있다가 다되면 의사 선생님에게도 보여주자고 했다고.

엄마는 웃는 얼굴로 기꺼이 아들과 함께 일을 벌였다. 진료 때는 늘 아들이 벌인 말썽 때문에 불평했지만, 결국에는 놀이에 동참했다. 가끔 아이를 타박하다가도, 마지막에는 항상 웃으며 나란히 진료실을 나섰다. 두 사람의 뒷모습을 바라보는 나도 절로 미소가 지어졌다.

이처럼 안정적으로 아이의 모습을 관찰하기를 1년여, 샤오즈는 어느덧 6학년이 됐다. 한번은 진료 명단에서 아이의 이름을 분명히 봤는데 진료가 끝날 때까지 두 모자가 나타나지 않았다. 참으로 의아했다. 샤오즈는 가끔 약 먹는 건 잊어도 진료만큼은 절대 빼먹지 않았기 때문이다.

2주 후, 샤오즈 모자가 나를 찾아왔다. 샤오즈는 허리춤에 골판지로 만든 권총을 차고 차가운 표정으로 등장했다. 제법 킬러 같은 분위기를 풍기며 진료실에 들어오자마자 나를 향해 총을 겨누었다.

"탕탕!"

내가 총에 맞은 시늉을 하자 샤오즈는 연기가 어설프다며 웃음을 터뜨렸다. 나는 거기에 수긍하면서 아이의 권총을 빌려 이모저모 뜯어봤다. 보아하니 꽤나 정교하게 만들어져서 탄창도 갈 수 있고 공이치기도 젖힐 수 있었다. 나는 아이의 설명을 들으면서 아이 엄마에게 왜 저번 진료에 오지 않았는지 물었다.

"지난달에 갑자기 아이 아빠가 아팠어요. 병원에 데려가 검사해 보니까 급성 림프구성 백혈병이래요." 엄마는 담담한 어조로 말했다. 깜짝 놀란 나는 그만 손에 들고 있던 장난감 총을 떨어뜨렸다. 나는 아이 아빠의 상태를 물었다.

"항암 치료받고 지금은 퇴원했어요. 그래도 아직 안정이 안 됐어요. 치료 과정에 따라 다음번에 항암제를 또 맞고 정기적으로 추적 검사를 해야 한대요."

엄마는 억지로 웃어 보였다. 눈가에는 근심과 피로가 쌓인 듯했고 전에 비해 많이 초췌해 보였다.

"그래서 전에 병원 예약을 잊었어요. 남편 병원 쫓아다니느라고 너무 바빴거든요. 최근에는 아이 스스로 약을 챙겨 먹는데 자꾸 까먹는 통에 담임선생님이 불만을 토로하시네요."

"아니, 선생님은 혈액종양내과도 아니면서 뭘 자꾸 물어봐요?" 옆에 있던 샤오즈가 격한 반응을 보였다. 아무래도 아픈 아빠 이야기를 더는 듣고 싶지 않은 것이리라.

"요즘 들어 애가 훌쩍 큰 것 같아요. 제가 바쁠 때는 동생을 딴 데 데려가서 귀찮게 하지 말라고 하고요. 가르쳐준답시고 같이 총도 만들고 노래도 부르고 별것 다해요. 점점 형다워지고 있어요. 때때로 저도 기분이 축 처질 때가 있는데 웃긴 얘기나 노래도 들려주면서 위로해줘요. 어쩔 때는 정말이지 요 녀석이 옆에 있어 참 다행이라는 생각이 들어요." 엄마는 샤오즈를 바라보았다. 말을 하는 엄마의 눈시울이 점점 붉게 물들었다.

"이렇게 보니 정말 전보다 듬직해졌네요." 내가 말했다.

"아이, 선생님, 지금 저보고 살쪘다고 그러는 거죠!" 샤오즈는 이런 따뜻한 말에 익숙지 않은지 어색하게 굴었다. 하지만 이내 까불거리며 혓바닥을 내밀어 보였다. "저 요즘 신곡 연습했어요. 엄마도 못 들어본 노래야. 두 분 같이 들어보세요."

샤오즈는 노래를 시작했다. 변성기가 찾아온 아이의 목소리는 제법 굵직해졌다. 록밴드 체쯔단(茄子蛋)의 〈돌아온 아웃사이더(浪子回頭)〉라는 노래였다.

하루하루 흘러가는 시간
뚝뚝 떨어지는 땀방울
이제는 우리 모두 나이를 먹었네
가족을 데리고
아웃사이더가 돌아왔다

샤오즈는 대만어(일상생활에서 쓰이는 언어로 공식적으로 사용되는 중국어와 차이가 크다. 젊은 층일수록 대만어에 익숙하지 않은 경우가 많다-옮긴이) 노래를 능숙하게 소화했다. 노래를 듣고 나니

왠지 모르게 코가 시큰거렸다. 샤오즈의 엄마를 바라보니 눈시울을 붉힌 채 복잡한 마음이 담긴 시선으로 아들을 바라보고 있었다.

"참, 왜 우는 거야! 재밌으라고 한 건데…." 샤오즈는 비록 말은 하지 않았지만 분위기를 읽은 듯했다. 그리고 이내 엄마에게 다가가 꼭 끌어안아 주었다.

나는 약 처방전을 받고 떠나는 모자의 뒷모습을 지켜보며 간절히 빌었다. 부디 모든 가정에 평온이 깃들기를, 가족끼리 화합하고 서로를 사랑할 방법을 찾기 위해 노력하기를. 가족이 질병에 걸리거나 세상을 떠난 뒤에 후회하지 말고, 서로를 아끼고 이해하며 하루하루 보내기를.

선생님,
할머니가 너무 보고 싶어요

키워준 할머니를 잃은
ADHD 아이 샤오광

멍 자국보다
더 아픈 상처

나는 샤오광을 다시 볼 수 있을 거라고 전혀 생각하지 못했다.

수년 전 어느 가을날, 샤오광은 할머니의 손에 이끌려 이곳을 처음 찾았다. 샤오광은 원래 활발하고 활동적인 성격이었다. 유치원을 다닐 때만 해도 선생님의 살뜰한 보살핌을 받으며 행복하게 지냈다. 그러나 초등학생이 된 후로는 달라진 학습 분위기에 전혀 적응하지 못해 지옥 같은 시간을 보냈다. 수업 시간에 가만히 앉아 있지 못했고, 툭하면 알림장을 빼먹거나 작성하지 않았다. 숙제를 깜박하는 날도 많았다. 이는 모두 ADHD에 해당하는 증상이었다.

특히 과잉행동이 심각했다. 쉬는 시간에 아이들과 놀다가 부딪쳐 멍이 들거나 넘어져 다치는 일이 잦았다.

샤오광은 찰과상쯤은 대수롭지 않게 넘겼다. 그러다 얼마 전 학교에서 실수로 친구를 다치게 하는 바람에 샤오광의 처지가 매우 곤란해졌다.

"일부러 때린 건 아니에요. 그런데 다친 애가 하필이면 학부모회 회장 딸내미라서 문제가 커졌어요." 문득 할머니 손에 들린 밀짚모자가 눈에 들어왔다. 손도 까맣게 그을린 것이 농사꾼이 분명했다.

"그쪽 부모를 볼 면목이 참말로 없더라고요. 그래도 담임선생님 덕분에 어찌저찌 넘어가긴 했는데 샤오광이 아무래도 과잉행동 같다고 병원에 한번 가보래요. 선생님, 그게 대체 무슨 병인가요?" 나는 담임선생님이 할머니 편에 보낸 편지 덕분에 평소 샤오광의 수업 태도를 대강 짐작할 수 있었다. 할머니가 담임선생님에게 전화를 걸어 바꿔줬다. 담임선생님은 자신의 생각을 숨김없이 솔직하게 말했다.

"제가 보기에 샤오광은 머리가 좋아요. 시험 볼 때 제가 옆에서 지켜보면 거의 다 맞거든요. 그런데 혼자 풀게

놔두면 꼭 반 이상은 틀리더라고요."

나는 수화기 너머의 말에 귀를 기울이며 샤오광을 지그시 쳐다봤다. 샤오광도 사태의 심각성을 눈치챘는지 의자에 꼼짝 않고 앉아 있었다.

"담임선생님이 말씀하시길 샤오광이 아주 똑똑하대요. 그런데 수업에 집중을 못 하고 충동적이라네요." 전화를 끊은 나는 담임선생님이 한 말을 요약해 알려줬다. "샤오광 같은 아이들이 더러 있어요. 뇌에서 나오는 호르몬에 문제가 생겨 그런 거예요. 약을 먹으면 증상이 어느 정도 개선될 거예요." 나는 할머니가 알아듣기 쉽게 풀어서 설명했다.

"아니, 정말 약만 먹으면 좋아지나요? 잘됐네요, 전 애가 낫기만 하면 괜찮으니까 선생님이 알아서 해주세요."

할머니는 샤오광의 상태를 듣고서 많이 놀란 눈치였다. 그러나 내 판단을 전적으로 믿고 따라와 줬다.

엄마의 등장과 할머니의 부고

다음 진료 시간, 할머니가 틀니가 보이도록 활짝 웃으며 샤오광의 증상이 많이 호전됐다고 알려줬다.

"선생님, 저 이번 시험에서 백 점 맞았어요!" 샤오광이 뿌듯한 표정을 지으며 당당하게 말했다. 지난번 잔뜩 풀 죽어 있던 모습과는 정반대였다. "그리고 저 우리 반 반장이 됐어요! 애들이 다 제가 하자는 대로 해요. 저 대단하죠? 저기, 상은 안 주시나요?"

나는 샤오광에게 장난감을 갖고 놀 시간을 준 다음 할머니와 대화를 이어나갔다.

"저기, 학교 선생님 말로는 애가 완전히 딴사람이 됐대요. 약 효과가 이리 좋을 줄 알았으면 그동안 혼자 속 끓이지 말 걸 그랬어요. 우리 딸도, 그니까 샤오광 애미도 어릴 때 과잉행동이었던 것 같아요. 선생님한테 허구한 날 꾸중을 들었거든요. 수업 시간에 자꾸 이리저리 돌아다닌다고요. 일찌감치 공부하고 담쌓고 지내다 중학교 때 어떤 놈하고 집을 나가버렸죠."

"그래요? 그러면 지금은?"

"걔 생각만 하면 열불 나 죽겠어요. 나이가 벌써 서른인데 변변찮은 직업도 없고, 남자를 수시로 갈아 치운다니까요. 평소엔 코빼기도 안 보이다 사고 쳤을 때만 돌아와요. 그때도 배가 잔뜩 불러서 오더니 샤오광만 덜렁 낳고 타이중으로 내뺐어요. 애비가 누군지도 몰라요. 여태껏 제 손으로 먹이고 입혀 가며 키운 아이예요. 동네에서 애비 없는 자식이라고 얼마나 입방정을 떠는지 선생님은 아마 상상도 못 하실 거예요. 애비도 없고, 애미도 가물에 콩 나듯 얼굴을 내비치니 참말로 불쌍해요. 왜 하필 내 손자가…."

"정말 힘드시겠어요."

"아이고, 제 나이가 육십이라 농사일도 이젠 힘에 부치네요. 대체 전생에 무슨 죄를 지었기에…."

샤오광의 상태는 갈수록 나아졌고 학교 성적도 상승 곡선을 그렸다. 철도 들었는지 방 청소도 알아서 하고 빨래도 널며 집안일을 도왔다. 사실 할머니의 주머니 사정은 그리 좋지 않았다. 나는 진료비와 교통비 부담을 덜어 주고자 집 근처 진료소를 소개해 주겠다고 했다. 그러나 할머니가 한사코 거절했다.

"됐어요. 지금이 편해요. 선생님이 우리 손주를 치료해 주신 것도 인연인데 그냥 이대로 갑시다."

할머니가 환하게 웃으며 말했다. 나는 그런 할머니의 믿음에 보답하고자 노력했다.

그러다 샤오광이 3학년이 됐을 때 갑자기 발길이 뚝 끊겼다. 의아했지만 할머니가 거동이 불편해져서 가까운 진료소로 옮겼겠거니 생각했다.

그로부터 1년쯤 지났을 때 나는 진료 명단에서 샤오광의 이름을 발견했다. 진료실 문이 열리고 한 여자가 갓난 아기를 품에 안은 채 샤오광의 손을 잡고 들어왔다.

"안녕하세요, 저는 샤오광 엄마예요." 어딘지 모르게 차가운 인상을 풍기는 여자였다. 그 옆에는 샤오광이 딱딱하게 굳은 얼굴로 서 있었다. 못 본 사이에 키가 조금 자란 것 같았다.

"아, 안녕하세요. 처음 뵙겠습니다."

"학교 선생님이 한번 가보라고 하셔서요. 최근 들어 애 상태가 별로 안 좋아요. 선생님이 전에 우리 애를 봐주셨다고요?"

나는 샤오광이 어떤 치료를 받으며 얼마나 호전됐는지 설명했다. 그리고 두 사람의 근황을 넌지시 물었다.

"실은 엄마가 돌아가셨어요." 엄마의 대답에 샤오광이 흠칫 몸을 떨었다. "어떤 눈깔 삔 자식이 우리 엄마를 차로 쳤어요. 병원에 이송되고 얼마 안 돼 숨을 거뒀대요. 병원에서 연락을 받았을 때는 애 동생을 막 출산한 참이라 남자 친구가 저 대신 내려가서 수습하고 샤오광을 타이중으로 데려왔어요. 지금은 타이난에 정착하려고 다시 돌아왔고요. 이게 다 그 자식한테 아직 합의금을 못 받아서 그래요. 짜증 나 죽겠어요."

나는 할머니의 소박한 미소와 인자한 눈빛이 떠올랐다. 너무 뜻밖이라 할머니의 부고가 잘 실감 나지 않았다.

한 번 받은 사랑은
사라지지 않는다

샤오광은 무표정한 얼굴로 바닥만 뚫어지게 쳐다봤다. 예전의 활발하고 기운찬 모습은 온데간데없었다.

"얘가 요즘 학교에서 밥 먹듯이 사고를 쳐요. 돈도 훔치고, 친구는 물론이고 선배를 때리고 다닌대요. 선생님이 혼내도 귓등으로 듣는다던데 약을 먹는다고 효과가 있을까요? 정신과 약은 몸에 안 좋다고 들어서 웬만하면 먹이고 싶지 않은데. 사실 예전에 그 문제로 엄마랑 다퉜거든요. 노인네가 아무것도 모르면서…."

"아무것도 모르는 건 엄마야!" 샤오광이 주먹을 꽉 움켜쥐며 진료실이 떠나가라 소리를 질렀다. 몸에 얼마나 힘이 들어갔는지 이마에 핏줄까지 불거졌다. "그때 약 먹고 나서 주위에서 다들 좋아졌다고 했단 말이야. 그런데 엄마가 병원에 못 가게 했잖아. 내 말도 전혀 안 듣고!"

"선생님, 이것 좀 보세요. 집에서도 애 아빠가 뭐라 한마디만 해도 꼭 이렇게 대든다니까요. 얼마 전에는 밥상까지 뒤집어엎었어요."

"누가 아빠야! 나는 아저씨도, 엄마도 다 필요 없어! 할머니만 있으면 돼!" 이와 동시에 샤오광의 두 눈에서 눈물이 툭 터져 나왔다.

나는 샤오광이 진정할 수 있도록 엄마에게 잠시 나가 있어 달라고 했다.

"할머니가 많이 보고 싶지?"

내 말에 샤오광이 숨을 훅 들이켜더니 불끈 쥔 주먹에서 천천히 힘을 풀었다.

"전 그 아저씨가 너무 싫어요! 엄마처럼 책임감이라고는 쥐뿔도 없어요. 알림장에 사인하는 것도 매번 깜박해요. 할머니는 학교도 못 나왔고 글도 읽을 줄 몰랐어도 항상 저한테 알림장을 읽어달라고 했어요. 그래서 저도 글자 공부를 열심히 했고요. 그 모습을 보고 할머니가 최고라고 장하다고 칭찬해 줬어요. 예전에 반에서 1등 했을 때는 스테이크가 먹고 싶다고 하니까 시내에 있는 레스토랑에도 데려가 줬어요. 직원이 스테이크 굽기 정도를 물었는데 할머니가 무슨 소리인지 못 알아들어서 제가 미디엄 웰던으로 시켰거든요. 나중에 스테이크가 나왔는데 할머니가 왜 덜 익혀 주냐며 막 화를 내서 제가 웃었던 게 기억나요. 선생님, 저 할머니가 너무 보고 싶어요. 여기 오니까 더 많이 생각나요…."

나는 샤오광의 울음이 잦아들길 기다렸다.

"있지, 할머니가 계셨다면 뭐라고 하실 것 같니?"

내 질문에 샤오광이 코를 훌쩍이며 곰곰이 생각했다.

"사내자식이 울긴 왜 우냐고 할 것 같아요. 어쩌면 못난 놈이라고 호통칠지도 모르죠. 할머니는 늘 머리도 좋은 녀석이 왜 자꾸 바보처럼 구느냐고 했거든요. 그리고 엄마 말도 잘 들으라고 하겠죠? 엄마가 부모로서 책임감이 없다고 늘 한탄하면서도 할머니가 하늘나라로 가면 잘 보살펴 줘야 한다고 했어요. 공부도 열심히 하고요. 아, 의사 선생님 말도 잘 들어야 한다고 말씀했어요."

"잘 아는구나. 나도 분명 그렇게 말씀하셨을 거라고 생각해."

잠시 후, 나는 돌아가신 할머니의 기대에 부응하고자 최선을 다해 엄마를 설득했다. 엄마는 약물 치료에 동의하는 대신 앞으로 집 근처 진료소에서 약을 처방받을 수 있게 해달라고 했다.

"샤오광, 할머니가 많이 보고 싶지? 할머니도 네가 무지 보고 싶을 거야. 그래서 말인데 한 가지만 약속해 줄래? 앞으로 행동하기 전에 할머니가 뭐라고 하실지부터 생각해 보는 거야." 나는 마지막으로 샤오광에게 이렇게 당부했다.

샤오광은 고개를 힘차게 끄덕인 후 엄마가 들고 온 가방을 냉큼 자기 어깨에 메고 씩씩하게 걸어 나갔다.

선생님이 우리 집 보고
문제가정이래요

**좋아하는 일을 찾기 전
방황했던 샤오룽**

교실을 뛰쳐나간 아이

 샤오룽이 오자 아이 엄마는 머뭇거리며 내게 무언가를 건넨다. 아들의 요구에 못 이겨 책가방에서 꺼낸 DVD였다. 받아든 DVD를 훑어보니 도서관 같은 곳에서 빌려온 걸로 보였다. 〈천방지축 청춘〉이라고 쓰여 있었는데 표지에는 교복을 입은 중학생이 나란히 줄지어 있었다. 이들은 공연장의 연주자로, 손에 들린 금관 악기가 번쩍번쩍 눈이 부셨다.

 "관악부에 들어갔어요. 아이가 의외로 색소폰에 흥미를 보이더라고요. DVD는 선배들의 공연이고 샤오룽은 5학년부터 A단으로 승급할 수 있어요. 아마 중학교에 가서도 계속 무대에 설 것 같아요." 엄마가 설명했다.

나는 옆에서 나무 블록 쌓기에 열중하는 샤오룽을 보았다. 이제 초등학교 4학년이 된 아이는 처음 왔을 때와 달리 의젓한 모습이었다. 숫기 없고 무뚝뚝해서 진료 때는 늘 세 마디 이상 하는 법이 없었다. 하지만 우리가 나누는 대화를 귀 기울여 듣는다는 걸 나는 알았다.

"요즘에 쓴 글씨 좀 보세요." 엄마는 샤오룽의 알림장을 꺼내 최근에 쓴 페이지를 펼쳤다.

"와, 정말 잘 썼네요!" 내가 감탄을 터뜨렸다.

샤오룽의 단정한 글씨에서 시선을 뗄 수 없었다. 보고 있노라니 가지런히 열 지어 선 관악부원의 모습이 떠올랐다. 이 또한 샤오룽에게는 크나큰 성취가 아닐 수 없었다.

나는 처음 진료를 받으러 온 샤오룽을 아직도 기억한다. 그때도 지금처럼 과묵했다. 당시 1학년이던 샤오룽의 얼굴은 묵직한 바위처럼 굳어 있었다. 학교에서 아이는 선생님이 내리는 그 어떤 지시에도 잘 따르지 않아 골칫덩이 취급을 받았다.

"여러분, 가위와 풀을 꺼내서 프린트 모양대로 오리세요." 수업 시간에 선생님 설명에 따라 학생들이 일제히 바스락거리며 손을 움직이는데 오직 샤오룽만 꼼짝도 하지 않았다.

"샤오룽, 샤오룽! 방금 선생님이 한 말 못 들었어?" 선생님이 목소리를 높였다. 샤오룽의 검은 눈동자가 선생님을 향했지만 작은 입은 굳게 닫혀 있었다. 반 친구들 시선이 모두 샤오룽에게 쏠렸다. 아이들은 귀가 먹은 것 같다며 키득거렸다. 끝내 화가 난 선생님은 샤오룽의 자리에 다가가 풀로 책상을 탕탕탕 두드렸다. 그리고 샤오룽에게 말했다. "너 선생님 말 안 들리니?"

샤오룽은 갑자기 선생님 손에서 풀을 낚아채 앞자리에 앉은 친구 머리에 내던졌다. 그러고는 교실 밖으로 뛰쳐나갔다. 선생님은 얼이 빠졌고 교실 전체는 아수라장이 됐다. 그중 몇몇 아이가 창밖을 가리키며 소리 질렀다. "샤오룽이 도망가요! 선생님, 보세요!"

이 일을 아이 엄마 입을 통해 들으며 뜨거운 여름날의 오후, 교실 밖으로 뛰쳐나가는 샤오룽의 심정을 헤아려 보았다. 궁지에 몰려 도망치고 싶었던 경험은 누구에게나 있지 않은가? 어쩌면 교실을 뛰쳐나간 순간, 나비가 되어 나풀나풀 날아다니고 싶었을지도 모른다. 아니면 해변까지 단숨에 달려가 새파란 하늘을 실컷 올려다보고 싶었던 게 아닐까.

알고 보니 그날 샤오룽은 가위도 풀도 깜박하고 안 챙겼다고 한다. 그런 상황에서 무슨 말을 해야 할지 몰랐던 것이다. 샤오룽은 선생님의 잇따른 재촉과 반 친구들의 웃음소리에 다급해진 한편 불쑥 화가 치밀었다. 그래서 선생님 손에 들린 풀을 잡아채서 비웃은 친구 머리에 집어던지고 줄행랑을 쳐버렸다.

약물 치료를 시작한 샤오룽은 주의력 문제가 개선돼 준비물을 깜박하거나 선생님과 부딪치는 일도 거의 없어졌다. 시험 성적도 원래 수준에 맞게 회복됐다.

나는 샤오룽에게 칭찬을 아끼지 않았다.

"와, 이번에 수학 성적이 많이 올랐구나."

"이 미술 작품은 아이디어가 돋보이네."

샤오룽은 여전히 말수가 적었지만 표정이 한층 부드러워졌다. 내게 마음의 문을 연 듯했다. 다만 아직도 가끔씩 학교 선생님의 지시에 따르지 않을 때가 있다고 했다.

한번은 진료 중에 샤오룽이 쭈뼛거리며 보여주고 싶은 게 있다고 했다. 엄마는 휴대전화를 꺼내 한 앱을 켜서 샤오룽에게 건넸다. 〈캐논〉의 선율이 흘러나오는 가운데 아이의 손가락이 액정화면 위에서 미끄러지듯 빠르게 움직였다. '흰색 타일을 누르지 마세요(Don't tap the white tile, 음악에 맞춰 떨어지는 타일을 순서대로 터치하는 게임-옮긴이)'라는 피아노 게임인데 샤오룽이 푹 빠져서 열심히 연습한 모양이다. 나는 음악을 들으면서 온 정신을 집중하는 아이를 보았다. 내가 매번 칭찬할 때마다 아이가 귀담아듣는다는 사실을 잘 알았다.

음악이 끝나자 나는 힘껏 박수를 쳤다. 샤오룽은 원래의 쿨한 표정으로 돌아가 구석에서 다시 나무 블록으로 놀기 시작했다.

샤오룽이 2학년 때는 진료실에서 기발한 놀이를 고안해냈다. 여동생과 함께 나무 블록으로 도미노를 한 것이다. 경사진 곳에 세운 블록들이 위에서부터 차례차례 쓰러지게 만들었다. 샤오룽이 동생과 함께 도미노를 쓰러뜨리기 전에 내가 휴대전화를 꺼내들고 말했다. "영상으로 찍어도 돼? 이거 진짜 대단하다!"

샤오룽은 물론 특유의 쿨한 얼굴로 고개를 끄덕였다.

"하나, 둘, 셋!" 나와 엄마, 동생이 같이 카운트하자 샤오룽이 도미노를 쓰러뜨렸다. 도미노가 차례차례로 넘어가는 걸 보며 마음속의 돌덩이가 같이 쓰러지는 느낌이라도 들었는지 통쾌한 웃음을 터뜨렸다.

나는 아이 엄마에게 자주 이런 말을 했다. 샤오룽이 코드가 잘 맞는 이들과 어울리고 그들의 인정을 받으면 태도가 더욱 좋아질 것이라고.

샤오룽의 아빠는 평소 타지에서 일하고 휴일에만 집으로 돌아왔다. 엄마 혼자 아이를 잘 키우려고 애도 많이 썼고, 아이들의 장점도 낱낱이 파악하고 있었다.

무너질 듯
단단한 집

샤오룽이 3학년이던 어느 날, 아이 엄마가 진료실에서 서럽게 울었다.

"담임선생님이 말씀이, 우리 집은 아빠가 집에 거의 없으니까 문제 가정이래요. 그래서 샤오룽이 이런 거라고…." 눈시울이 붉어진 엄마는 왈칵 울음을 터뜨렸다.

나는 휴지를 건네며 한숨을 내쉬었다.

"선생님, 그 말이 사실인가요? 우리 남편은 주말마다 꼬박꼬박 집에 돌아와요. 애들한테 무심한 편도 아니고 잘 놀아준다고요. 자기가 원해서 타지에서 근무하는 것도 아닌데…." 엄마는 말을 할수록 더 속이 상하는지 눈물을 뚝뚝 흘렸다.

"부부 관계가 나쁜 것도 아니에요. 그런데 담임선생님은 마치 우리 부부에게 문제가 있는 것처럼 여겨서 속상해요. 가끔은 제가 진료를 받아야 할 것 같아요…."

엄마가 눈물을 흘리며 말했다. 샤오룽과 여동생은 평소와 달리 조용히 나무 블록을 쌓고 있었다. 아이들은 블록을 쌓고 또 쌓아 마침내 성 한 채를 완성했다. 꼭 견고

하고도 안정된 집 같았다.

이후로 몇 차례 진행된 진료에서 샤오룽이 성숙해진 것 같다는 말을 아이 엄마에게 들었다. 아침에 깨울 필요도 없고 약도 스스로 챙겨 먹는다는 것이다. 수업을 못 쫓아온다는 선생님의 하소연도 줄어들었다고 했다. 게다가 조금씩이지만 성적도 향상됐다.

"아이가 학교 관악부에 들어가고 싶어 하는데 연습이 꽤 빡빡한가 봐요. 선생님 생각은 어떠세요?" 아이 엄마는 큰일이든 작은 일이든 먼저 나와 상의하는 게 습관처럼 됐다. "공부가 뒤처질까 봐 걱정도 들어요…."

나는 아이가 취미를 갖는 것을 긍정적으로 생각했다. "본인이 좋아하는 거라면 뭐든지 도전해 보면 좋을 거예요. 한 분야에서 성취감을 얻으면 의외로 다른 부분까지 개선되기도 하거든요."

반항에서 성취로

얼마 후 샤오룽은 관악부에 들어가 색소폰을 배우기 시작했다. 나는 장난치듯 말했다. "와, 색소폰 부는 거 진짜 멋있는데!" 아이는 또 멋쩍게 웃었다.

금세 흥미가 사그라질 줄 알았지만 샤오룽은 관악부 활동을 착실하게 이어나갔다. 엄마는 집에서 연습을 해서 시끄럽다고 불평했지만 자랑스러워하는 눈빛은 숨길 수가 없었다.

샤오룽의 태도는 갈수록 좋아져서 학교 선생님조차 다시 볼 정도였다. 한때 묵직한 바위처럼 굳어 있던 얼굴이 지금은 갈수록 성숙해지고 있었다.

"요즘은 같이 뭘 사러 가면 나서서 짐도 들어주고 동생이 다치지 않게 보호해 줘요. 점점 남자다워지는 것 같다니까요." 엄마는 이렇게 말했다.

아이가 가져온 DVD를 보니, 언젠가는 선배들처럼 무대에 서서 멋지게 색소폰을 연주하는 날이 올 것 같았다.

ADHD를 앓는 아이 중에는 적대적 반항 장애 증상이 함께 나타나는 경우가 많다. 이를테면 어른에게 말대꾸를 하거나 반기를 들고, 수업 중에 공공연하게 선생님에게 반항이나 도발을 하며, 규칙을 지키지 않는다. 일부러 훼방을 놓거나 남의 기분을 상하게 하며, 자기 잘못을 남 탓으로 돌린다. 평소 자주 화를 내고 친구와 다툼이 잦다. 심지어 치고받고 싸우며 원한이나 복수심을 품기도 한다. 다시 말해 반항적이고 불복종하며, 고의로 대립하는 행동을 적대적 반항 장애라고 한다.

샤오룽은 적대적 반항 장애 증상에 완전히 부합하지는 않았지만 학교에서 선생님의 지시에 따르지 않았으며 걸핏하면 반대했다. 어른들은 이런 아이들 때문에 골머리를 앓지만 왜 이런 행동을 하는지 이해하기 어렵다. 그러나 병원에서 검사를 통해 심리를 읽어보면 아이들이 저마다 처한 상황이 제각각임을 알게 된다. ADHD가 적대적 반항 장애로 '진화'한 경우를 보면, 주의력 결핍, 과잉행동 장애, 충동 때문에 일상생활에서 부정적 경험이 지나치게 누적된 케이스가 많다.

ADHD를 앓는 아이들의 입장을 한번 생각해 보자. 학교에 가자마자 준비물이나 숙제를 깜빡했다는 이유로 주의나 경고를 받고 처벌을 받는다. 게다가 부주의로 실수가 잦아 수업 시간에도 성취감을 느끼기 어렵다. 집에 가서 숙제할 때도 정신이 산만해서 좀처럼 끝을 보지 못한다. 이 때문에 좋아하는 만화를 보거나 게임할 시간도 없어지는 것이다.

이렇듯 좌절감에 젖은 생활이 반복된다면 어른조차 도피하거나 반항하고 싶은 욕구를 억누르기 힘들지 않을까. 그러나 아이들은 어른처럼 휴가를 내고 해외여행으로 재충전하거나 이직해서 환경을 바꾸는 건 상상조차 할 수 없다. 꼼짝없이 자리에 앉은 채 반항하거나 교실을 박차고 나갈 수밖에 없는 것이다.

아이를 깊이 이해하려면 먼저 패배감의 근원을 찾아

야 한다. '주의력 결핍' 문제를 해결하고, 일상에서 부정적 경험이 누적되지 않도록 해야 한다. 더 나아가 잘하는 분야에 몰두하면서 자신감을 키우는 게 좋다. 이처럼 일상에서 긍정적인 힘이 지속적으로 쌓이면, 아이는 호의를 민감하게 캐치하고 서서히 변화를 일으킬 것이다.

아이의 성장을 장거리 드라이브에 빗댄다면 우리의 긍정은 연료가 된다. 만일 연료가 없다면 아이들은 대체 무슨 힘으로 계속 앞으로 나아갈 수 있을까? 도로에 돌조각과 유리 파편이 널렸거나 곳곳에서 공사가 벌어진다면 아이들은 도중에 포기하고 싶어질 것이다. 심지어 몰던 차를 버리고 도망갈지도 모른다.

운전대를 잡는 것은 아이들이지만 우리 어른들도 운전 실력을 최대로 발휘할 수 있도록 도와야 한다. 도로에 떨어진 돌 조각과 못을 치워주고, 연료를 채우라고 알려주거나 방향만 일러주면 된다.

앞으로의 여정에서 때로는 고된 시련을 겪을 수 있으며 길을 잃고 헤매기도 할 것이다. 어쩌면 벽에 가로막혀 가던 길을 되돌아가야 할지도 모른다. 하지만 길모퉁이를 돌았을 때 홀연히 나타난 아름다운 경치처럼 아이들도 시련 끝에 눈부신 성장을 보여주리라 믿는다.

선생님, 어떻게 해야 집중력을 더 높일 수 있을까요?

군복을 입고
공부하는 아이 아하오

소년은 완전 무장을 하고
책상에 앉아 공부했다

코로나19 확산세가 날로 거세지자 사회 분위기가 위축되면서 소아정신과 앞도 덩달아 한산해졌다. 이런 비상시국에 병원을 찾은 환자들의 표정에서는 비장함마저 느껴졌다.

말끔한 외모의 아하오는 매번 교양이 넘치는 엄마와 함께 진료실을 찾았다. 처음 찾아왔을 때만 해도 중학교 2학년이었는데, 어느덧 3년여의 세월이 흘러 훤칠하고 준수한 고등학생이 됐다.

초진 때 아하오 엄마는 아이가 학교서든 집에서든 공

부에 통 집중을 못 한다며 넋두리를 늘어놓았다. 얼핏 보면 단순한 주의력 결핍 같았다. 그러나 상담을 진행하면서 나는 아하오가 지닌 특이한 기질을 발견했다.

"애가 군용품을 좋아하는데, 그게 좀 유별나요. 한번은 저녁에 애 방에 들어갔다가 까무러칠 뻔했다니까요." 엄마는 많이 놀랐는지 침까지 튀기며 당시 상황을 설명했다. "아니 글쎄, 완전 무장을 하고 책상에 앉아 있더라고요."

아하오의 희멀건 얼굴이 순식간에 새빨갛게 달아올랐다. 그 모습이 무척 귀엽게 느껴졌다. 나는 놀라움을 감추며 담담하게 되물었다. "그러니까 군복을 입고 공부하고 있었단 말씀이죠?"

"맞아요! 군복에 안전모를 쓰고, 등에는 소총까지 메고 있었어요."

"그건 안전모가 아니라 전투모야. 그리고 등에 찬 건 칼이었다고!" 아하오가 말까지 더듬으며 다급하게 정정했다. 그러자 엄마는 그게 뭐가 중요하냐며 아이를 쏘아봤다. "그래야 집중이 더 잘된단 말이야."

이처럼 아하오의 관심사는 매우 특이한 데다 몰입 수준도 정상 범주를 넘어섰다. 타인이 하는 말의 의도도 제대로 파악하지 못하는 경우가 많았다. 이를 미루어볼 때 아하오는 주의력 결핍 말고도 아스퍼거 증후군(Asperger syndrome)을 앓고 있는 것으로 보였다.

나는 아스퍼거로 볼만한 다른 증상도 발현됐는지 유심히 살펴본 후 소견을 밝혔다. 내 말을 듣는 내내 두 사람은 연신 고개를 끄덕였다. 보고 있는 내 목이 다 뻐근해질 정도였다. 그 후 아하오는 매달 한 번씩 진료를 받으러 왔다. 나는 약물을 처방해 집중력 개선을 돕는 한편, 모자 사이의 소통을 가로막는 장벽을 없애고자 노력했다.

"얼마 전에 인터넷 사용 문제로 얘하고 다퉜어요. 선생님은 어떻게 생각하세요? 인터넷을 마음껏 쓸 수 있게 해줘야 할까요?" 아하오 엄마가 내게 불쑥 질문을 던졌다. 나는 먼저 아하오의 얘기를 들어보기로 했다.

"이번 주에 사촌 형이랑 누나를 만났거든요. 그런데 두 사람은 폰으로 인터넷을 마음껏 써도 된대요. 왜 저만 안 된다는 거죠? 너무 불공평해요!" 아하오가 내게 불평을 쏟아냈다.

"평일에는 한 시간씩, 주말에는 시간을 늘려서 두 시간씩 쓰기로 정했거든요. 그 정도면 충분하지 않나요? 그리고 너 말이야, 맨날 '조금만 더'라고 떼쓰면서 번번이 약속을 어기잖아."

"그치만 형이랑 누나는 마음껏 쓴단 말이야."

"네 성적을 보고 말하렴. 넌 성적이 나쁘잖아."

"왜 자꾸 비교하는 거야?"

감정싸움으로 치닫는 찰나, 나는 재빨리 왼팔을 뻗으며 두 사람을 진정시켰다.

"잠깐만요, 정리 좀 할게요. 인터넷 사용 시간이 평일에는 한 시간, 주말에는 두 시간이라는 거죠? 인터넷은 컴퓨터로 하나요? 아니면 휴대전화로?"

규칙이
대화를 만든다

나는 몇 가지 질문을 통해 다음과 같은 사실을 알아냈다. 원래는 기기의 종류와 상관없이 하루에 한 시간씩 인터넷을 사용하는 게 원칙이었다. 그러나 금요일과 주말에는 특별히 두 시간씩 쓸 수 있었다.

아하오는 인터넷으로 군사 자료와 전자기기 정보만 검색하고 있었다. 게임은 일절 하지 않았다. 사실 엄마는 아하오의 학교 성적에 그다지 연연하지 않았다. 그저 책상에 진득하게 앉아 공부했으면 하고 바랐다. 아니, 최소한 노력이라도 하는 모습을 보고 싶었다. 이런 정보는 쓸모없어 보이지만 새로운 규칙을 세울 때 매우 중요했다. 그리고 규칙을 아무리 잘 세워도 변수는 생기기 마련이다.

여러 상황에 맞춰 탄력적으로 조정할 수 있어야 했다.

"그러면 공부한 시간만큼 인터넷을 사용하는 건 어떨까요?" 아하오가 기발한 아이디어를 내놓았다. 엄마가 곧장 눈을 치켜뜨며 반박했다. "공부는 학생의 본분인데, 그게 무슨 소리니?"

"전 좋은 생각 같은데요." 나는 말을 이었다. "다만 자세히 따져 볼 필요가 있겠어요."

우리는 누구도 감히 상상하지 못할 만큼 아주 사소한 문제를 놓고 한바탕 논쟁을 벌인 끝에 '인터넷 사용 합의서' 최종본을 완성했다. 첫째, 공부한 시간에 3분의 2를 곱한 만큼 인터넷을 사용할 수 있다. 다만 숙제하는 데 걸린 시간은 포함하지 않는다. 둘째, 인터넷 사용 시간은 하루에 최대 두 시간을 넘지 않는다. 셋째, 늦어도 자정 전에는 반드시 잠자리에 든다. 대신 평일에 미처 다 못 쓴 시간은 주말에 몰아서 쓸 수 있다.

그 뒤로 몇 달 동안 합의서에 몇 가지 조항이 추가됐다. 그중에는 집안일을 도와준 시간만큼 인터넷을 더 쓸 수 있다는 조항도 있었다. 모든 규칙은 아하오가 스스로 지키되 엄마가 언제든 확인할 수 있었다. 세부 조항을 조금씩 수정해 나가면서 합의서가 입에 오르는 일이 점점 줄어들었다.

이밖에도 아하오가 반 친구들과 타이베이에 놀러 가 외박하는 일이나 여학생(아하오 말에 따르면 단순한 친구 사이였다)과의 긴 통화 시간이 화두로 오르기도 했다. 연합고사 후에는 일반고와 특성화고 중 어디로 진학할지를 두고 함께 논의했다.

그러는 사이 아하오는 철부지 중학생에서 제법 진중한 고등학생으로 변모했다.

그러던 어느 날, 진료실 안에 묵직한 공기가 흘렀다.

"우리 애가 최근 들어 너무 열심히 공부하는 것 같아요." 아하오 엄마는 자식 자랑처럼 느껴지는 얘기를 근심 섞인 목소리로 말했다. 나는 너무 놀란 나머지 의자에서 굴러떨어질 뻔했다.

"선생님, 어떻게 해야 집중력을 더 높일 수 있을까요?" 아하오가 미간을 찡그리며 물었다.

"왜 그러니? 지금도 충분히 잘하고 있잖아." 아하오는 현재 중학교 3학년 때보다 학업에 매진하고 있었다.

"저번 중간고사 때 죽기 살기로 공부했거든요. 시험 일주일 전부터는 매일 새벽 두 시까지 공부했는데도 물리 점수만 약간 오르고, 반 등수는 안 올랐어요."

"너무 무리하는 거 아니니? 통학버스를 타려면 새벽 여섯 시쯤에 일어나야 한다며? 잠이 부족하면 뇌에 안 좋은 영향을 준단다. 학교 수업도 집중하기 어려울 테고." 나는 안쓰러운 마음이 들었다.

"사실 저녁엔 집중이 잘 안돼서 밤늦게까지 책을 붙들고 있어요. 그런데 열심히 하려고 할수록 신경이 곤두서는 느낌이에요. 벌써 시험을 망칠까 봐 초조해서 잠도 잘 안 와요. 전엔 이런 적이 없었는데."

현재 아하오는 심적으로 무척 괴로워 보였다. 상담 결과, 아스퍼거 증후군 특유의 집착 성향이 강해지면서 잡다한 생각에 사로잡혀 공부에 몰입하기 어려운 상태였다. 이 때문에 학업 스트레스가 커지면서 불안 증세는 물론, 우울증 초기 증상까지 보였다.

불안의
고리 끊기

"요즘 손톱 주변 거스러미가 자꾸 거슬려요. 손톱으로 뜯으면 매끄럽지가 않아서 커터 칼로 깨끗하게 잘라냈어요. 아, 선생님, 걱정 마세요. 소독은 잘하고 있어요. 저기, 여기 혹 같은 거 보이시죠? 수술용 도구를 사서 직접 제거할까 고민 중이에요."

최근 아하오는 외과 수술 쪽에 심취해 있었다. 공부 시간 외에는 수술이나 응급처치 지식과 정보를 습득하는

데 여념이 없었다. 얼마 전에는 주사기로 자신의 피를 직접 뽑았다고 자랑했다. 나는 아하오가 정말로 자기 몸에 메스라도 댈까 봐 노심초사했다.

"아하오, 지금 네 최대 관심사는 성적 향상이지? 그렇지?" 나는 확인하듯 물었다. 아하오가 위아래로 힘껏 고개를 끄덕였다. 몇 가지 검사 후, 나는 아하오가 현재 약물을 써야 할 정도로 불안감이 높아진 상태라고 판단했다. 과도한 불안감을 해소하려면 먼저 수면 시간을 충분히 확보해야 했다. 그래야 '근심과 걱정 → 불면증 → 집중력 저하 → 불안감 상승 → 극도의 주의력 분산'이라는 악순환의 고리를 끊어낼 수 있었다.

나는 두 사람에게 내 생각을 가감 없이 밝혔다. 또 처방할 약물의 작용 원리와 효능, 부작용도 자세히 설명했다. 다행히 두 사람은 내 판단을 전적으로 신뢰했다.

잠시 후, '윙' 하는 소리와 함께 프린터에서 처방전이 출력돼 나왔다. 이때 아하오 엄마가 속삭이듯 작게 말했다. "아무래도 저 때문인 것 같아요."

"네? 그게 무슨 말씀이세요?"

엄마가 아하오를 힐끔 쳐다보더니 어렵게 말문을 열었다. "사실 제가 올 초에 유방암 진단을 받았거든요. 하지만 수술과 국소 화학요법을 받고 나서 암은 깨끗이 제

거뒀어요. 의사 선생님도 앞으로 추적 검사만 잘 받으면 된다고 말씀하셨고요. 그 일이 있은 뒤로 애가 부쩍 철이 든 것 같아요."

뜻밖의 소식에 나는 머릿속이 새하얘졌다. 제삼자인 나도 이렇게 놀랐으니 아마 아하오는 상상 이상의 충격을 받았을 것이다.

'어쩐지 요즘 많이 여위신 것 같더라니.'

그러고 보니 요즘 아하오 엄마에게서 날 선 눈빛이나 감시하는 듯한 말투를 찾아보기 힘들었다. 아하오의 관심사가 의학 분야로 옮겨간 이유도 엄마의 암 투병과 상관있는 듯했다. 예전보다 애틋하고 다정해진 두 사람을 보니 별안간 가슴 깊은 곳에서 뜨거운 뭔가가 탄산 기포처럼 몽글몽글 올라왔다.

"엄마 걱정을 조금이나마 덜어드리고 싶어요. 암이 재발하지 않도록요."

아하오는 아스퍼거 특유의 높낮이가 거의 없는 어조로 말했다. 그러나 한 글자 한 글자 힘주어 말하는 목소리에서 결연함이 느껴졌다.

이날따라 나는 아하오의 어깨가 무척 넓고 듬직해 보였다. 옆에 앉은 엄마가 작고 왜소해 보일 정도로. 아하오의 말을 들은 엄마는 말없이 눈시울을 붉혔다.

내 말이 뭐가 틀려?
책에 분명히 그렇게 적혀 있었다고

**암에 걸린 엄마를 고치려
의학 지식에 빠진 소년**

온라인에서
응급약을 구입한 소년

아스퍼거 증후군을 앓는 아하오가 다시 평소처럼 엄마와 함께 진료실을 찾았다. 진료에 앞서 상의하고 싶은 주제를 미리 생각해 두라고 아이에게 당부했다. 아이는 주로 한 달 동안 힘들었거나 해결하기 힘든 일을 털어놓았다. 아이 엄마가 암에 걸려서인지 모르겠지만 최근에 아하오는 의료 지식에 푹 빠졌다.

아하오는 분명 뭔가 할 말이 있는 듯한데도 머뭇거리며 좀처럼 입을 열지 않았다. 결국에는 엄마가 대신 운을 띄웠다.

"애가 요즘에 작은 사고를 쳤어요." 엄마의 어조는 차분했다. "며칠 전 항공경찰국에서 공문이 날아왔어요."

"네?" 나는 그만 깜짝 놀랐다.

엄마가 아하오에게 눈짓을 보내자 아이는 우물쭈물하다 말을 시작했다. "그러니까, 인터넷에서 보니까 쇼크 같은 응급 상태에 노르에피네프린을 쓴다더라고요. 응급 상황이 일어날 수도 있으니까 만일의 사태에 대비해서 몇 개 구비해 두려고 했죠. 그런데 대만에서는 규제 약물이라 무슨 수를 써도 못 사더라고요. 혹시나 해서 중국 온라인 쇼핑몰에서 찾아봤어요."

"그래서 어떻게 됐어?" 나는 속으로 아스퍼거 특유의 집념을 감출 수가 없다고 생각했다.

"결국에는 파는 데를 한 군데 찾아내서 몇 병 주문하고 입금도 했어요. 그쪽에서도 진짜 발송했고요. 그런데 세관에 막혔고 항공경찰국에 출두해서 해명하라는 공문이 날아왔어요."

엄마는 공문을 꺼내 보여줬다.

"아이고, 노르에피네프린만 산 게 아니고 생리식염수랑 국부마취제도 있네. 대체 얼마나 많이 산 거야." 문서를 살펴본 나는 자신의 잘못을 축소하는 아이의 모습을 꼬집었다.

"그게, 국부마취제는 제가 다쳤을 때 직접 봉합하려고 산 거예요. 다른 사람을 치료하는 게 아니니까 의료 행위라고 할 수 없죠. 이것도 다 인터넷에서 조사한 거예요."

아이의 말에 부아가 치미는 한편 우습기도 했다. 이런 아하오를 두고 진지하다고 해야 할까, 아니면 엉뚱하다고 해야 할까?

"그래서 지금은 항공경찰국의 연락을 기다리고 있어요." 아이 엄마는 체념한 듯 사뭇 침착한 태도를 보였다.

"지금은 기다릴 수밖에 없구나. 그런데 법은 절대로 어기면 안 돼. 나중에 의료계에서 일하면 이런 의약품은 매일 접할 수 있어. 그러니까 앞서서 행동하지 마."

나는 어쩔 수 없이 아하오에게 한소리를 하고 말았다. 문득 내 잔소리가 아이 엄마를 능가했다는 생각이 들어 엄마 쪽으로 고개를 돌려 말했다. "어머님, 정말 대단하세요. 이런 상황도 다 감수하시는 거예요?"

"원래 이런 아이라는 걸 아니까요. 악의도 아니고 의료 쪽에 호기심이 과한 것뿐이에요. 어차피 일은 터졌으니 이제 수습해야죠. 아하오는 저의 소중한 아이니까요."

엄마는 그야말로 보살과도 같은 온화한 미소를 지었고 나는 진심으로 놀랐다.

"참, 선생님, ACLS(주로 보건 의료종사자들이 취득하는 전문 심장소생술) 따셨어요?" 아하오는 갑자기 주제를 돌려 새로운 화제를 꺼냈다.

"그건 왜 물어보는 건데?"

"요즘 들어 강의 듣고 자격증 따고 싶어져서요."

"좋은 생각이네. 최소한 자격증이라도 있으면 합법적인 처치가 될 테니까."

"이미 책도 사서 보고 있어요. 그런데 약물이나 질병 용어가 아주 어려워요. 봐도 잘 모르겠어요. 심전도 VT, VF라든지." 말하는 아이 얼굴에 화색이 돌았다.

"이런 건 수업할 때 응급의학과 선생님이 자세히 설명해 주실 거야. 잘 듣고 있다가 궁금한 게 있을 때 물어보면 되지." 아이 말을 들어주다 보니 어째 대화가 점점 응급구조 훈련 수업으로 바뀌었다.

사고 현장에 뛰어들려는 아이

곁에 있던 엄마가 말을 보탰다. "저번에 차를 몰고 가는데 길에서 사고를 목격했어요. 그런데 아이가 차를 세우라더니 돕겠다면서 막 현장 쪽으로 가려고 하더라고요."

"아, 그때 엄마가 운전하고 있었는데 옆으로 자전거 한 대가 쌩 지나갔어요. 쿵 소리가 나서 보니까 빨간불에 우회전하는 차랑 부딪친 거예요. 자전거 타던 사람은 날아갔고요. 차에 내려서 보니까 골절상이 분명했어요. 얼마 후에 구급차가 도착했거든요. 그런데 구조 과정이 이상하더라고요. 현장 응급처치 표준지침을 안 따르는 것 같았어요. 책에 쓰인 내용과 다르니까 그렇게 하면 안 된다고 가서 말해주고 싶었는데 엄마가 말렸어요."

아하오는 이해도 안 되고 억울한 듯했다. 엄마는 무언가를 말하려다 입을 다물었다.

"어머니, 그때 뭐를 걱정하신 거예요?"

"구급대원도 전문성을 갖춘 사람들인데 구조 활동에 간섭하면 안 된다고 생각했죠. 애 같은 고등학생이 쫓아가서 함부로 떠들었다가는 불똥이 튈지도 모르니까."

"함부로 떠든 게 아니라 책에 분명히 그렇게 적혀 있었다니까."

보아하니 아하오는 또다시 '시시비비를 가리'는 데 빠져 있었다. 엄마는 입을 꾹 닫은 채 도움을 청하듯 날 바라봤다.

"아하오, 이런 문제가 있을 때는 적어놨다가 응급학강의 시간에 선생님께 여쭤보는 게 어떨까. 그런데 나도 엄마와 마찬가지로 구조대원에게 가서 네 의견을 말하는 건 추천하지 않아."

"왜요?"

"환자의 가족이 옆에 있었잖아, 그렇지? 내가 반대하는 이유는 두 가지야. 먼저 의료의 관점에서 따져보자. 의료 분야의 표준지침은 주기적으로 개정되니까 책에 적힌 것도 뒤처진 정보일 수 있다는 거 아니? 그때 네가 알던 표준지침이 진짜 최신 정보라고 보장할 수 있어?"

"어, 사실 저도 그렇게 확실한 건 아니라서요."

"그렇지? 확실하지도 않은데 무턱대고 구조 활동에 참견하면 어떻게 되겠어?"

"방해가 될 것 같아요."

"그리고 말이야 환자의 가족들도 아마…."

"제가 방해한다고 생각할까요?"

"맞아. 시간이 지체된다면 결과적으로 네 잘못이야. 어떻게 생각해?"

"그러면 전 끝장이네요. 고발당할 것 같은데요." 겁을 먹은 아하오는 식은땀을 흘리는 것 같았다.

"맞아. 그리고 두 번째는 처세 문제야. 그때 가족들이 옆에 있었다고 했지?" 고개를 끄덕이는 아하오를 보고 나는 말을 이었다. "그때 네가 구조대원에게 '지금 구조 방법이 잘못됐는데요?'라고 말했다고 가정해 보자. 그러면 가족들은 어떻게 하겠니?"

"음, 아마 구조대원을 고발할 것 같아요."

"그러면 그 구조대원이 네 의견을 듣는다고 하면 어떻게 될까?"

"저도 잘 모르겠어요."

"두 가지 가능성이 있는데 네 의견을 듣더라도 구조대원은 자신의 생각대로 할 확률이 훨씬 높아. 네 말에 따르는 건 본인이 틀렸다고 인정하는 셈이니까. 옆에 있는 가족도 다 듣고 있다가 만일 뭔가 잘못되기라도 하면 구조대원을 고발할 거야. 또 다른 가능성은 가족들에게 고발당할 위험을 무릅쓰고 네 말에 따르는 거지. 하지만 그럴 가능성이…."

"분명히 낮겠죠."

"그러니까 아마 구조대원과 네가 서로 자기가 옳다면서 의견 충돌을 일으키고…."

"그러면 구조가 지체되겠죠." 아하오는 문득 깨달음을 얻었다. "그런데 만일 제가 옳다고 해도 못 본 척 지나쳐야 할까요?"

"네 주장에 확신을 가지려면 응급구조학에 관한 수업도 듣고 실무 경험도 쌓아야 해. 경험이 풍부한 구조대원이 돼야 하는 거지. 그때 구조대원의 응급처치가 환자에게 치명적인 영향을 끼친다는 판단을 내렸다면 나는 구조대원한테 넌지시 알려주라고 조언할 거야. 대놓고 지적하면, 구조대원도 잘못을 인정하기 어려울 테니까. 자칫하면 언쟁이 벌어질지도 몰라. 그러면 환자를 구조하는 데 시간이 지체되겠지?"

마침내 아하오가 마음속 깊이 이해한 듯 고개를 끄덕였고 나도 한숨 놓았다. 아스퍼거 증후군을 앓는 아이에게는 타인의 마음을 읽고 의사결정을 내리는 훈련이 필요하다. 비록 아이들에게는 정말 어려운 일이지만.

선한 마음이
길이 되기를

아하오의 엄마가 드디어 입을 열었다.

"아이에게 설명해 주셔서 감사해요. 제가 몇 번이나 타일렀는데도 도통 이해를 못 했거든요."

"차근차근 설명하는 게 포인트예요. 그다음에 타인의 마음을 읽어주면 왜 자신이 생각하는 결과가 나오지 않는지 이해할 수 있죠. 그림을 그려서 설명하는 것도 좋겠네요. 아하오는 똑똑하니까 금방 바뀔 거예요."

"요즘 보니까 애가 정말로 의료계에 뛰어들면 어쩌나 걱정스러운데 문제가 생기지 않을까요?" 엄마가 걱정스러운 듯 말했다.

"선한 아이니까 아픈 사람을 돕고 싶다는 동기가 있을 거예요. 인간관계 기술도 익혀야겠지만 많이 생각하고, 이야기를 주고받다 보면 관계 맺기가 수월해질 겁니다. 의료계는 여러 의료진 간에 협업이 긴밀하게 이루어져야 하는 직종이에요. 아하오도 잘 들었지? 오늘 같이 생각해 본 것들 잘 기억해 줬으면 좋겠어."

솔직히 말해 나도 우려스럽기는 하다. 하지만 눈앞의 문제부터 집중해 하나하나 해결해 나가면 어떨까 싶다. 무엇보다 아하오의 선량한 본성이 올바른 길로 이끌어 주리라 믿는다.

이제 다시는
학교에 안 갈 거예요

반 아이들에게 음료를 끼얹은
외톨이 샤오바

따돌림과 휴학,
끝없는 방황

위키백과에 따르면, '규밀(閨密)'은 원래 '규중밀우(閨中密友)'의 줄임말로 '여자끼리의 단짝 친구'를 뜻하는 말이다. 현재는 '규밀(閨蜜, 친한 친구를 일컫는 말로 쓰임—옮긴이)'로 더 널리 사용되고 있다. 이제 와서 하는 말이지만 나는 샤오바에게 규밀이 생길 줄은 전혀 생각하지 못했다.

처음 진료실을 찾아왔을 당시 샤오바는 열다섯 살이었다. 등교 거부로 중학교 2학년 때부터 이미 1년 넘게 휴학 중인 상태였다. 백지장처럼 하얀 얼굴에는 여드름이 잔뜩 나 있었고, 어깨까지 오는 단발머리에서는 비듬이 눈처럼 나풀나풀 떨어졌다.

샤오바는 불안 지수가 극도로 높은 아이였다. 엄마의 말로는 어릴 때 아스퍼거 증후군 진단을 받았다고 했다. 사교적이지 못한 성격 탓에 초등학교 때부터 반 아이들에게 따돌림을 당했다.

중학교에 진학한 후로는 상황이 더욱 나빠졌다. 하지만 샤오바의 성격도 만만치 않았다. 2학년 때, 뒤에서 자신을 험담하는 여학생들에게 다가가 밀크티를 확 끼얹었다고 한다.

이후의 전개는 예상대로였다. 피해 학생의 부모가 학교로 달려와 한바탕 난리를 피웠다. 그날 이후 샤오바는 등교를 거부하기 시작했다. 전학시켜 주겠다고 해도 싫다고 버티는 바람에 휴학을 신청할 수밖에 없었다.

이후 샤오바는 집에만 틀어박혀 지냈다. 생활 리듬이 깨졌고 기분이 시도 때도 없이 오락가락했다. 한껏 들떴을 때는 밤늦도록 자지 않고 경극 배우라도 된 것처럼 엄마 화장품을 얼굴에 덕지덕지 처발랐다. 반대로 기분이 저조할 때는 온종일 아무것도 먹지 않고 침대에 가만히 누워 하염없이 시간을 흘려보냈다. 가족들이 말을 걸어도 무시하기 일쑤였다. 지금 상태로는 자기관리 능력이 상당히 퇴보해 정상적인 생활이 거의 불가능해 보였다.

샤오바에게 닥친 시련은 이것만이 아니었다. 아이의 병력을 확인하던 중에 조울증도 앓고 있음을 알게 됐다. 감정 기복이 들쭉날쭉할 수밖에 없는 이유가 여기 있었다.

엄마는 샤오바가 나아질 거라는 기대가 전혀 없었다. 아이가 집에만 있으려고 해서 꽤 오랫동안 진료를 받지 못했기 때문이었다. 그러던 중 샤오바에게 조증 증세가 나타났고, 전과 달리 의욕이 넘치고 호기심이 충만해졌다. 특히 자신의 아이큐에 높은 관심을 보이자, 이 기회를 놓칠세라 엄마는 아이큐 검사를 핑계로 아이를 이곳에 데려왔다.

가벼운 조증 상태에서 병원을 찾은 샤오바는 쉼 없이 떠들어댔다. "초등학교 3학년 때 아이큐 검사를 받은 적이 있어요. 제 기억엔 120점 정도 나왔던 것 같아요. 그때 의사 선생님이 제 아이큐가 높은 편이라고 했거든요. 지금은 그렇게 안 나오겠죠? 예전엔 반 성적이 3등 안에 들기도 했어요. 그때 같은 반이었던 애들은 지금쯤 고등학생이 됐겠네요. 선생님이 보기엔 아이큐가 낮아졌을 것 같나요? 독서라도 좀 하면 도움이 될까요?"

엄마가 옆에서 샤오바의 말에 맞장구를 쳤다. "그때는 시험문제가 너무 쉽다면서 정답을 못 맞힌 애들을 바보라고 놀리기까지 했다니까요."

"하아, 엄마 그게 지금 뭐가 중요해? 군자는 모름지기 자기 자랑을 삼가는 법이라고. 지금 내가 궁금한 건 내 아이큐 점수야." 아니나 다를까 샤오바는 금세 자신의 관심사로 화제를 돌렸다.

"음, 네 말도 일리가 있구나. 그러면 말이지, 검사받기 전까지 여유가 좀 있으니까 그동안 진료를 받으면서 감정 기복을 줄여보면 어떨까? 원래 실력을 발휘하는 데 도움이 될 것 같은데."

나는 이번 기회에 샤오바가 우울증 치료를 꼭 받았으면 하는 마음이었다.

"정말요? 사실 그동안 약을 잘 챙겨 먹지 않았어요. 상태가 좀 나아지는 것 같으면 엄마가 먹지 말라고 했거든요."

나는 고개를 돌려 엄마를 쳐다봤다. 엄마는 제 발이 저렸는지 내 눈길을 피하며 기어들어 가는 목소리로 해명했다. "그땐 애가 아직 어리니까 약물에 의존하면 좋을 게 없다고 생각했죠. 그런데 1년 넘게 애랑 붙어 있으면서 저도 완전히 지쳤어요. 기분이 좋을 때는 며칠 동안 잠도 안 자고, 자기 얼굴을 귀신처럼 허옇게 분칠해 놓는다니까요. 또 기분이 다운될 때는 죽고 싶다는 말만 반복하고, 먹지도 씻지도 않아요. 이제 더는 못 참겠어요."

"어머님, 기왕 이렇게 됐으니 약물 치료를 다시 시작해보도록 하죠. 지금 학교를 안 나가고 있으니 상태가 더 악화될 일은 없을 거예요. 요즘 나온 약물은 부작용도 거의 없으니 안심하세요."

샤오바는 현재 여러 증상이 복합적으로 나타난 상태라 치료가 시급했다. 그래서 나는 쐐기를 박듯이 좀 더 단호하게 말했다.

"낫고 싶다는 의지가 없다면 굳이 검사를 받을 필요가 없단다. 어차피 점수가 잘 나오지도 않을 테니까."

결국 이날 샤오바는 검사 날짜를 잡은 후 기분안정제를 처방받아 돌아갔다.

뜻밖에도 이날 이후 샤오바는 진료를 빼먹지 않고 꼬박꼬박 나왔다. 약물을 복용하면서 상태가 점차 안정되자 누가 뭐라 하지 않아도 스스로 머리도 감고 샤워도 했다. 또 집 앞 마트에 가서 물건을 사오는 등 집안일도 조금씩 거들기 시작했다.

엄마의 끝없는 응원과 격려 덕분에 샤오바는 방구석에 처박아 두었던 교과서도 다시 꺼내 들었다. 그동안 뒤처진 학습 진도를 따라잡기 위해서였다.

특성화고에서
다시 시작한 학교생활

약물 치료를 한 지 반년 즈음해서 고등학교 진학 문제가 화두로 떠올랐다. 상의 끝에 샤오바는 특성화고 영상미디어과에 지원했다.

"실은 걱정이 많아요. 애가 또 친구랑 싸우고 와서 학교에 안 간다고 할까 봐요. 이제 막 좋아졌는데 다시 나빠지면 어떡하죠?" 샤오바 엄마가 근심을 털어놓았다.

"물론 애들이랑 잘 지내기 쉽지 않겠죠. 그래도 내가 두 살 더 많으니까 함부로 못 덤빌 거예요. 어쩌면 제 말을 순순히 따라줄지도 모르죠." 샤오바는 이렇게 엉뚱한 구석이 있었다.

"지금 샤오바의 상태는 안정적인 편이에요. 약이 잘 듣는 것 같아요. 꾸준히 진료를 받으면서 교우 문제를 어떻게 해결하면 좋을지 논의해 보죠." 사실 나는 두 사람에게 용기를 북돋아 주면서도 내심 불안한 마음이 들었다.

샤오바가 특성화고에 입학하고 처음 교복을 입고 나타난 순간, 나와 엄마는 이루 말할 수 없는 감동을 느꼈다. 그러나 샤오바의 학교생활은 외줄타기를 하듯 아슬아슬했다.

영상미디어과는 조별 과제가 유달리 많았다. 중학교

때처럼 반 아이들이 샤오바를 대놓고 따돌리거나 배척하는 일은 없었다. 그러나 과제를 수행하다 종종 갈등을 빚곤 했다.

"기말시험으로 단편 영상을 하나 찍어야 하는데, 전 감독을 하고 싶었거든요. 그런데 아무도 뽑아주지 않았어요. 저더러 현장을 돌아다니며 음료를 나눠주고 촬영 도구나 옮기래요. 선생님, 감독을 맡은 애가 저보다 훨씬 멍청한데, 제가 왜 이런 잡일을 해야 하죠?"

"너 설마 그 애한테 멍청하다고 했니?" 나는 걱정하는 목소리로 물었다.

"아니요. 선생님이 면전에 대고 욕하지도 말고, 싫어하는 티도 내지 말라고 신신당부했잖아요. 그래서 지금 여기 와서 하소연하는 거라고요."

'요 녀석 내 말을 귀담아듣긴 했네.'

"잘했어. 많이 발전했네." 나는 긍정적인 피드백을 해 준 후 이렇게 덧붙였다. "좋은 아이디어가 있으면 그 감독한테 차분하게 얘기해 주렴. 만약 네 아이디어가 반영된다면 암묵적으로 능력을 인정해준 거나 마찬가지야."

"아휴, 차분한 척하는 게 얼마나 힘든데요." 샤오바가 투덜거렸다.

이렇게 일단락되는 줄로만 알았던 이야기가 갑자기

예상치 못한 방향으로 흘러갔다.

"감독이 자꾸 저한테만 뭐라 그러잖아요. 열받아서 뺨을 한 대 후려쳤어요."

"어머!" 나는 외마디 비명을 질렀다.

"아, 나중에 사과했어요. 그리고 괜찮아요, 걔도 제 팔을 쥐어뜯어 놨는데요, 뭘." 샤오바가 소매를 걷어 올리자 팔뚝 여기저기에 손톱자국이 나 있었다. "그래도 중학교 때보다 훨씬 나아요. 이렇게 한 번씩 주고받았으니 서로 빚지는 것도 없잖아요."

역시 아스퍼거라 그런지 자신의 감정을 표현하는 데 거침이 없었다.

"지금 다니는 학교에서는 샤오바의 행동을 크게 문제 삼지 않는 것 같아요. 팀을 바꾸지 않은 채로 과제를 완성했거든요."

샤오바 엄마는 한시름을 놓은 눈치였다.

"맞아요, 아이를 포용할 수 있는 환경도 무척 중요하죠." 나는 속으로 정말 다행이라고 생각했다. 전에 다니던 학교는 명문 중학교라서 학생과 학부모는 물론 학교 분위기도 지금과는 많이 달랐을 것이다.

봄과 함께
찾아온 친구

고등학교 2학년 때 샤오바의 우울증이 재발하는 바람에 또다시 휴학할 뻔했다. 다행히 제때 약물을 처방하면서 정서적으로 빠르게 안정됐다. 그러나 고등학교 과정을 마칠 때까지 크고 작은 문제가 계속 터졌다.

졸업 후, 샤오바는 직업전문학교에 진학했다. 엄마는 샤오바가 확 달라졌다며 놀라움을 금치 못했다. "선생님, 믿어지세요? 요즘 샤오바가 일찍 자고 일찍 일어나요! 알람도 자기가 알아서 척척 맞춰 놓고요. 아침에도 혼자 일어나 통학버스를 타고 학교에 간다니까요."

엄마의 두 눈에 감출 수 없는 기쁨이 넘쳐흘렀다.

"샤오바도 이제 철이 들었나 봐요. 같이 수업 듣는 애들하고도 원만하게 잘 지내고 있어요. 학교에서 돌아오면 무슨 일이 있었는지 알려줘요. 드디어 이번 주말에는 친구들이랑 놀러 가기로 했대요. 소속감이 생겼는지 학교 가는 게 기대된대요."

"정말요? 샤오바에게 규밀이 생기다니. 이제 다 컸네요." 나는 마치 내 일처럼 기뻤다.

"친하게 지내는 여자애 중에 신장 투석을 받는 아이가 있대요. 아직 창창한 나이인데 말이죠. 샤오바가 개한테 동정심을 느끼나 봐요. 병원에 오길 정말 잘했어요. 그때 아이큐가 20점이나 떨어졌다고 집에 가서 펑펑 울었거든요. 그 덕분인지 약도 잘 챙겨 먹는 것 같아요."

"샤오바도 감정 기복이 크면 사고력이 떨어진다는 걸 깨달은 거겠죠. 지금은 정말 많이 좋아졌어요. 약용량을 더 줄여도 되겠어요."

나는 샤오바를 처음 만났을 때를 떠올렸다. 어쩌면 우리가 만난 건 인연 때문일지도 모른다. 샤오바의 상태가 크게 호전된 건 내가 의사로서 사명을 갖고 노력한 결과일 수도, 단순히 운이 좋아서일 수도 있다. 때로는 인연이 어긋나 실망할 때도 있지만 그래도 나는 매 순간 최선을 다할 것이다.

길고 긴 방황이 지나면 봄이 오고 꽃이 핀다. 아스퍼거 환자인 샤오바에게 규밀이 생긴 것처럼.

집에서도 학문에
정진할 수 있다고요

등교를 거부하던
중국 고전 소녀

**등교를 거부하고
논어를 읽는 아이**

그날 오후 진료에는 정신과 진료 실습차 이곳을 찾은 소아과 레지던트 후배가 함께했다. 나는 그에게 한바탕 조언을 늘어놓았다.

"잘 들어봐. 우리 정신과 의사들은 다방면에 지식이 해박해야 하고 여러 역할도 소화해야 해. 환자의 언어를 써야만 그들과 소통할 수 있거든. 특히 소아정신과에서는 폭넓은 연령대 아이들의 다양한 취향을 잘 파악해야 관계를 쌓을 수 있어."

후배는 알쏭달쏭한 듯 고개를 갸우뚱거렸다. 내 말의

속뜻을 잘 이해하지 못한 눈치였다.

이윽고 진료가 시작되자 유아에서 십 대까지 다양한 연령층의 아이들이 진료실에 속속 등장했다. 그날의 첫 진료에서 나는 두 살배기 아기에게 옹알이로 소통을 시도했다. "빠방이 좀 줄래? 빵빵."

다음에는 우울증을 앓는 여고생과 방탄소년단 응원 굿즈와 팬덤 컬러에 대해 이야기했다. ADHD 증상이 있는 중학생 남자아이가 왔을 때는 '펜타스톰'과 '결전! 헤이안쿄' 둘 중에 어떤 게임이 더 재미있는지 토론을 벌였다. 다음으로 찾아온 여중생은 학교에 가기 싫어했고 머리가 계속 아프다고 했다. 아이 엄마는 어쩔 수 없이 아이를 소아신경과에 데려갔다가 의사에게 소아정신과 진료를 권고받았다고 했다.

"소아신경과 선생님 말로는 심리적인 문제래요." 아이 엄마가 말했다.

"말해보렴. 왜 학교에 가기 싫은데?" 내가 물었다.

소녀는 헝클어진 머리에 학교 체육복 차림으로, 쌀쌀한 표정을 짓고 있었다. 고개 숙여 캄캄한 벽을 향한 채, 천 번을 불러도 한 번 돌아보지 않았다(당나라 시인 이백李白의 시 「장간행長干行」의 구절을 인용했다—옮긴이).

아이를 위아래로 훑어보니 그 어떤 장식이나 아이돌

굿즈도 보이지 않았으며 옷도 아주 평범했다. 동아리나 클럽 활동도 하지 않는 듯해서 마땅한 화젯거리를 찾을 수가 없었다.

"아이가 특별히 좋아하는 게 있나요?" 나는 엄마에게 물었다.

"좋아하는 게… 아, 중국 고전을 좋아해요. 다른 애들이랑은 달라요. 책 한 권 집으면 하루 종일 그것만 들여다볼 때가 많아요." 엄마는 찬찬히 생각한 끝에 대답했다. 『고문관지(顧問觀止, 청나라 학자가 편찬한 산문집-옮긴이)』를 좋아한다니 한문 공부에 보통 노력을 기울인 게 아닐 테다. 나는 속으로 아이가 들였을 시간과 열정을 곰곰이 따져봤다.

"네가 지금 열넷이니까 곧 열다섯 살이 되겠구나." 모니터에 뜬 아이의 생년월일을 보며 말했다. "공자가 열다섯 나이에 뭘 했는지 아니?"

아니나 다를까 아이가 고개를 들고 나와 시선을 맞추었다.

"공자 왈, 나는 열다섯에 학문에 뜻을 두었고." 내가 논어의 한 구절을 천천히 읊었다.

"서른이 되어 자립했으며, 마흔에는 하늘의 뜻을 알게 되었다." 아이는 미소를 띠며 참을 수 없다는 듯 다음

구절을 읊어나갔다.

"마흔에는 흔들림이 없었고, 쉰에 하늘의 뜻을 알게 된 거야. 이것 봐, 학교에 안 나가니까 제일 좋아하는 고전 구절도 다 까먹었네."

"아, 맞아요. 마흔에 흔들림이 없었고, 쉰에 하늘의 뜻을 알고, 예순에 귀가 순해졌다고 했어요." 아이는 머리를 감쌌다.

"일흔에 이르러 마음 내키는 대로 해도 도리에 어긋나는 법이 없었다고 했어. 넌 이제 곧 열다섯이니까 학문에 뜻을 두어야겠지."

"저는 집에서도 학문에 정진할 수 있다고요."

"그건 안 돼."

"왜 안 돼요?"

"공자가 '배우기만 하고 생각하지 않으면 남는 것이 없으며, 생각만 하고 배우지 않으면 위태롭다'고 했어. 다른 친구들은 계속 학교에서 공부하는데 너는 집에 틀어박혀 혼자서만 궁리하잖아. 언젠가는 갈피를 못 잡거나 공부가 지루해질 날이 올 거야."

"그 말도 일리는 있네요. 선생님 말을 듣다 보니까 왜 학교에 가기 싫었는지 모르겠네요." 아이는 머리를 긁적이며 난처한 듯 웃어 보였다.

"봐봐, 벌써 혼란스러워하잖아! 학교에 안 가는 이유가 생각이 안 나면 이제부터 잘 다니면 되겠네. 지금부터 학문에 뜻을 두어도 절대 늦지 않아."

이야기가 기왕 여기까지 흐른 김에 소녀의 교우관계나 성적에 대해 면밀히 알아봤다.

공자로
마음을 열다

아이 말에 의하면, 까닭을 모르겠지만 어려서부터 친구를 사귀지 못했다고 한다. 채 몇 마디 나누지도 않았는데 대화가 금세 끊어졌고, 반에서 늘 겉돌았다고 했다.

중학교에 진학한 후로는 고전에 재미를 붙였는데 같은 반 아이들은 괴짜 취급을 했다. 그래서 방과 후에 국어 선생님을 붙들고 고전 이야기를 했다. 하지만 선생님도 바빠서 『논어』, 『고문관지』 같은 책을 떠안겨주면서 혼자 보라고 했다. 소녀는 다른 과목의 성적은 형편없었지만 유독 국어만 특출났다. 이뿐만 아니라 논설문이나 보고서 작성도 좋아해서 이런 종류의 숙제에는 최선을 다했다.

엄마가 말했다. "항상 고개를 푹 수그리고 말도 안 하니까 다른 사람들은 애가 바보인 줄 알아요. 그런데 보고서 같은 건 기가 막히게 잘 써내니 선생님도 깜짝 놀라죠."

우리는 당송팔대가(唐宋八大家, 당나라와 송나라의 뛰어난 문장가 8인-옮긴이) 중 누가 가장 뛰어난지와 『시경(詩經)』에서 풍(風), 아(雅), 송(頌)이 각기 지닌 매력에 대해 토론했다. 소녀는 나와의 면담 시간을 즐거워했다. 엄마와 레지던트는 꿀 먹은 벙어리처럼 대화에 끼지 못했다.

마지막으로 아이와 약속을 하나 했다. 다음 진료 때까지 보고서를 써서 제출하기로 한 것이다. '학교 다니기, 학교 안 다니기'의 장단점을 각각 정리해 보고 학교에 다닐지 다시 상의하기로 했다. 엄마는 몹시 만족스러워하며 소녀를 데리고 진료실을 나갔다.

나는 고개를 돌려 소아과 레지던트를 바라보며 궁금한 점이 있는지 물었다.

"선생님, 소아정신과 상담은 늘 이런 식인가요?" 레지던트는 깜짝 놀라 입을 다물지 못했다.

"꼭 그런 건 아니야. 약수가 삼천리라도 한 바가지만 들이킬 수 있으니까(중국 고전 소설 『홍루몽(紅樓夢)』의 한 구절로 인연의 중요성을 표현한 말-옮긴이). 마침 오늘 만난 환자가 그런 거지. 이런 걸 인연이라고 해야 할까."

나는 고전에 푹 빠져 있다가 퍼뜩 정신을 차리고 급히

화제를 돌렸다.

"그 애는 아스퍼거 증후군일 거야. 아스퍼거 아이와 소통할 때는 좋아하는 화제를 언급해 봐. 갑자기 라디오 주파수가 맞춰지듯이 우리 후배가 하는 말이 선명하게 전달될 거야. 그렇지 않으면 아무리 좋은 충고라고 해도 아이 귀에는 치지직 하는 잡음으로밖에 들리지 않아. 아이가 후배에게 관심도 안 보이고 귀찮아하더라도 아이를 친구처럼 대하고 아는 걸 모조리 전해주면 극적인 변화를 이끌어낼 수 있어. 방금 본 것처럼 말이야."

아이 안에
이미 답이 있다

일주일 후, 고전 소녀의 진료 시간이 돌아왔다. 아이 엄마 말이, 딸아이가 내 제안에 불만은 많아 보였지만 그래도 한 주간 아침에 꼬박꼬박 일어나서 학교에 갔다고 했다. 엄마의 보고를 들은 나는 만족스러워 고개를 끄덕였다. 그때 소녀가 책가방에서 A4용지를 꺼내 들이밀었다. 위쪽을 보니 두 칸으로 나뉘어 있었다. 소녀는 또박또박 예쁜 글씨로 학교 다닐 때와 안 다닐 때의 장점과 단점을 빼곡히 적어왔다.

학교에 다닐 때의 장점은 다음과 같았다. 매일 과태료

300대만달러(약 1만 3,000원-옮긴이)를 내지 않아도 된다. 한 끼당 35대만달러(약 1,500원-옮긴이)인 영양가 있는 급식이 낭비되지 않는다. 그 밖에 좋아하는 국어와 역사 수업을 들을 수 있는 것, 학교 안 간 벌로 숙제나 시험지 풀이를 하지 않아도 되는 것, 마지막으로 학교에서 공부하는 것은 학생의 의무라는 것이 있었다. 반면에 학교에 안 다닐 때의 장점은 일찍 일어나지 않아도 되고, 여유가 생기며, 빈둥거릴 수 있다는 것 정도였다. 취학 의무를 이행하지 않을 경우 과태료가 부과된다는 이야기는 나도 금시초문이었다. 소녀는 인터넷에서 찾아봤다고 했다.

"2013년, 대만 국회 최종심의에서 통과된 〈의무입학 조례〉에 따라, 학업을 중지한 자녀 또는 아동의 친권자나 보호자가 합당한 이유 없이 학교에 복귀시키지 않고, 권고에도 취학 의무를 이행하지 아니하면, 복귀까지 매회 300대만달러의 벌금을 부과한다."

못미더워하는 나를 보고 소녀는 관련 법 조항을 또랑또랑한 목소리로 줄줄이 읊어댔다.

나는 아이와 장단점을 조목조목 따져보고 이야기 나눈 후 어떤 결론에 도달했는지 물어봤다.

"보니까 학교에 다닐 때의 장점이 이렇게 많고 긴 데 반해, 단점은 적고 짧네요. 역시 학교에 돌아가는 게 좋겠어요!"

 소녀가 학교로 돌아가기로 결심을 굳혔지만 가기 싫은 원인은 아직 해결되지 않았은 채 남아 있었다. 그래서 우리는 일주일간 학교 다닐 때 무엇을 조심해야 하는지 함께 의논했다. 청결을 유지할 것, 옷차림에 신경 쓸 것, 친구들에게 친절하게 대할 것 등등.

 나의 진료 역사상 가장 짧았던 단 세 차례의 상담은 이렇게 끝났다.

 내가 또 진료를 받고 싶은지 물으니 소녀는 이런 식으로 학교를 빠지면 학업에 지장을 줄 테니 좋지 않을 것 같다고 말했다. 원래 나는 『고문관지』를 복습해서 소녀와 한바탕 떠들 작정이었지만 아쉽게도 축복의 말로 대신해야 했다. 나는 진료실을 떠나는 아이의 뒷모습을 가만히 지켜보았다.

엄마,
왜 엄마 눈에서 액체가 나와요?

순서 강박에 시달리던
아스퍼거 소년

**호기심 많은
아스퍼거 아이**

초등학교 1학년인 샤오위(小魚)는 똘똘한 아이였다.

샤오위 모자가 소아정신과를 두 번째로 찾았을 때였다. 샤오위가 진료실에 들어오자마자 또랑또랑한 목소리로 물었다. "선생님, 장난감 좀 갖고 놀아도 되나요?" 지난번에 여기서 장난감을 갖고 놀았던 사실을 기억하고 내게 먼저 허락을 구한 것이다.

사실 이날은 샤오위의 심리 검사 결과를 분석해 주는 자리였다. 나는 샤오위에게 이렇게 대답했다. "나한테 먼저 물어본 건 정말 잘했어! 그러면 다 놀고 나서 장난감을 제자리에 갖다 놓아주겠니?"

샤오위가 고개를 크게 끄덕인 후 로봇 장난감 쪽으로 다가갔다.

나는 의자에 앉는 샤오위 엄마를 보며 물었다. "어머님, 집에 가서 아스퍼거에 대해 좀 알아보셨어요?"

샤오위의 아스퍼거 증상은 매우 전형적이었다. 그래서 이미 첫 진료 때 어느 정도 확신했다. 이럴 때는 보통 다음 진료 예약을 잡기 전에 부모에게 참고할 만한 웹사이트 주소와 책 제목을 알려주며 미리 공부해 주십사 부탁한다. 그래야 검사 결과를 이해하기도 수월하고, 사전에 마음의 준비를 할 수 있기 때문이다. 그만큼 자녀의 특수함을 인정하는 건 절대 쉽지 않은 일이다.

"선생님, 방금 밖에서 샤오위가 저한테 뭘 물어봤는지 아세요?"

"뭔데요?"

"양극이 뭔지 아느냐고 묻더라고요."

그 말을 듣고 나도 모르게 미소가 지어졌다. 초진 때 진료 기록에서 '자연과학에 흥미가 있음'이라고 적혀 있던 게 생각났기 때문이다.

관심사의 폭이 좁고 특이하다는 점은 아스퍼거 증후군의 흔한 특징 중 하나이다. 아스퍼거 환자는 보통 공룡이나 천문학, 고전학 같은 분야를 매우 깊이 탐구한다는 공통점이 있다. 그래서 일반인보다 훨씬 많은 지식과 정보를 습득할 수 있다.

"'양극'이란 게 '양극화'를 말하는 걸까요? 대체 그런 단어는 어디서 배웠을까요?" 샤오위 엄마는 어리둥절해했다.

"어머님, 아스퍼거적 사고를 하셔야죠. 아마 샤오위는 전극의 양극과 음극을 물었을 거예요." 나는 빙긋 웃으며 대답했다.

아스퍼거 증후군은 자폐스펙트럼 장애의 한 유형이다. 이 증후군을 앓는 환자들은 과도할 정도로 이성적인 뇌를 가졌다고 알려져 있다. 이들의 관심사는 제각각이지만, 대체로 과학처럼 논리적 사고를 중시하는 분야를 선호하는 경향이 있다.

"오, 선생님은 바로 알아들으시네요! 샤오위가 아스퍼거일지도 모른다는 얘기를 듣고서 검색을 좀 해봤어요. 그동안 종잡을 수 없었던 행동들이 이해되더라고요. 사실 얼마 전에 담임선생님이 샤오위가 체육 시간에 아무 말도 없이 사라졌다고 말씀하셨어요. 반 전체가 우리 애를 찾아다녔는데, 나중에 교내 생태연못 앞에 쪼그리고 앉아서 쓰레기를 던지고 있는 걸 발견했대요." 엄마가 학교에서 있었던 일을 자세히 설명해 줬다.

"분명 무슨 이유가 있었을 텐데…."

"맞아요. 그런데 담임선생님이 화가 단단히 났는지 따끔하게 혼 좀 내달라고 하시더라고요. 일단 샤오위의 얘기를 들어볼 생각에 학교에서 돌아왔을 때 차분하게 물어봤어요. 왜 연못에 쓰레기를 버렸느냐고요. 그랬더니 뭐라고 대답한 줄 아세요?"

"뭐라고 했나요?" 나는 분명 과학과 어떤 연관이 있으리라고 짐작했다.

"나뭇가지와 나뭇잎의 부력을 실험하고 있었대요. 연못에 종이배도 띄워봤는데 바람에 떠밀려 갔다면서 진짜 좋아했어요!" 샤오위 엄마가 눈빛을 반짝이며 말했다. "다음날 담임선생님한테 말씀드렸더니 샤오위 같은 애는 처음 봤다며 깜짝 놀라시더라고요."

진단은 방향성을
찾기 위한 것

며칠 사이에 샤오위 엄마는 완전히 딴사람이 되어 있었다. 첫 진료 때는 몹시 초조한 얼굴로 아이가 학교에서 자꾸 말썽을 일으켜 골치 아프다고 불만을 쏟아냈다. 그러나 지금은 아이의 행동을 이해하는 데 그치지 않고 아이를 위해 주저 없이 목소리를 냈다. 나는 엄마의 달라진 모습에 가슴이 뭉클해졌다.

"지난번에 다녀간 후로 정말 열심히 공부하셨나 봐요. 웬만한 전문가보다 아스퍼거에 대해 잘 아시는 것 같아요. 사실 병을 진단하는 건 치료의 방향성을 찾기 위해서지 꼬리표를 붙이기 위함이 아니에요."

"그 말씀에 동의해요. 저 남부 지역 아스퍼거 학부모 모임에도 가입했어요. 공감되는 사연들 덕분에 많이 위로가 됐어요. 그런데 담임선생님은 아스퍼거 증후군을 전혀 모르는 것 같더라고요. 이 결과지를 보여드리면 우리 애를 이해하는 데 도움이 되겠죠?"

진료가 끝난 후, 샤오위 엄마는 검사 결과지를 고이 접어 가방에 넣고는 아이의 손을 잡고 밖으로 나갔다.

그다음 진료에서 만난 샤오위는 예상치 못한 또 다른 위기에 처해 있었다.

"선생님이 수업 시간에 문제를 내줬는데 우리 애만 못 풀었나 봐요. 선생님이 시험지를 걷어가려고 하니까 울면서 책상 밑으로 들어가 수업 끝나는 종이 칠 때까지 나오지 않았대요."

"샤오위는 뭐라고 하던가요?" 내가 물었다.

"그게 1번 문제에서 막혔대요. 총 네 문제니까 나머지 문제를 먼저 풀고 남는 시간에 1번 문제를 풀면 되지 않느냐고 알려줬거든요. 그런데 애가 통 이해를 못 하더라고요." 엄마가 가방에서 시험지를 꺼내 보여줬다.

아스퍼거 증후군을 앓는 아이들은 샤오위처럼 시험 문제를 건너뛰는 걸 어려워한다. 이들은 무슨 일이든 일정한 방식에 따라 해결해야 한다는 강박을 앓는다. 이를테면 1번에서 2번, 2번에서 3번 이렇게 정해진 순서대로 풀어야 한다. 문제를 풀지 않고 건너뛰거나 역방향으로 풀지 못한다.

"샤오위, 못 푸는 문제는 이렇게 감춰버리면 어떨까?" 나는 1번 문제가 보이지 않도록 시험지 윗부분을 쓱 접었다.

샤오위가 의아한 눈빛으로 나를 힐끗 쳐다봤다. 그리고 잠시 생각하다가 입을 뗐다. "진짜로 안 보이네요."

"넌 문제를 풀지 않고 건너뛰는 게 불편한 거잖아. 이렇게 하면 안 보이니까 괜찮지?"

곧이어 샤오위가 미간을 찌푸린 채 2번 문제를 천천히 읽어 내려갔다.

"저 풀었어요. 답은 2번이에요." 샤오위가 입을 여는 순간 나와 엄마는 안도의 한숨을 푹 내쉬었다.

"다음에 또 이런 일이 생기면 지금처럼 해보겠니?"

샤오위가 고개를 끄덕였다.

"어머님, 담임선생님한테 샤오위의 상황을 미리 말씀해 주세요. 오해라도 사면 큰일이잖아요. 그리고 앞으로 이런 상황이 종종 벌어질 테니, 그때마다 지금처럼 아이가 알아들을 수 있게 설명해 준 다음 해결책을 제시해 주세요. 아이가 완전히 수긍할 때까지 하셔야 해요." 나는 샤오위 엄마에게 거듭 당부했다.

"세상에! 매번 그래야 한다고요?" 엄마는 머리카락을 거의 쥐어뜯다시피 하며 괴로워했다.

"꼭 그렇지도 않아요. 샤오위는 똑똑하니까 머지않아 스스로 방법을 찾아낼 거예요." 나는 멘탈이 나가려는 엄마를 서둘러 위로했다.

종종 낯설고 어렵지만
웃을 수 있는 세계

다음 진료 시간이 찾아왔다.

"선생님, 애가 스스로 방법을 찾을 거라고 하셨죠? 그 말이 맞았어요!" 엄마는 눈꼬리가 휘도록 활짝 웃으며 말했다.

"무슨 일이 있었나요?"

"지난주에 샤오위가 집에 오자마자 시험문제를 건너

뛰는 데 성공했다고 자랑하더라고요. 이번엔 모르는 문제가 중간에 나와서 저번처럼 종이를 접을 수도 없었대요. 그래서 고민하다가 자로 가려놓고 다음 문제를 풀었나 봐요."

"와, 정말 똑똑한데! 어떻게 그런 방법을 생각해 냈니? 다음에 다른 친구들한테도 알려줘야겠다!" 나는 샤오위를 향해 엄지를 척 치켜들었다.

"나중에 자를 치우고 다시 보니까 제가 풀 수 있는 문제더라고요. 저 이번에 백 점 맞았어요!" 샤오위의 입가에 멋진 미소가 걸렸다.

이날은 딱히 상담할 만한 내용이 없었다. 샤오위가 장난감을 갖고 노는 동안, 나는 엄마와 대화를 이어갔다. 엄마는 한결 홀가분해진 마음으로 지난주에 다녀온 가족 여행 이야기를 꺼냈다.

"그러면 잠은 밖에서 잤겠네요?" 내가 엄마에게 물었다.

"선생님, 우리 밖에서 안 잤어요." 나무 블록을 갖고 놀던 샤오위가 고개를 획 돌리며 말했다.

"어, 그러니? 방금 엄마가 타이중에 놀러 갔다 왔다고 했는데, 그러면 당일치기를 한 거니?" 나는 어리둥절한 표정으로 되물었다.

"아뇨, 호텔에서 잤어요. 그날 비가 와서 밖에서 잤으면 아마 홀딱 젖었을걸요!" 샤오위가 당당하게 대답했다.

'아, 그렇지!' 나는 순간 머리 한 대를 얻어맞은 기분이었다. 자폐스펙트럼 장애가 있는 아이는 보통 타인의 말을 글자 그대로 해석하는 경향이 있다. 이를테면 '급하면 부처 다리를 안는다'라는 속담도 절에 가서 부처의 다리를 붙잡는다는 뜻으로 이해한다. 그러니까 방금 전 샤오위는 '밖에서 잤다'라는 말을 '실내'가 아닌 '실외'에서 잠을 잤다는 뜻으로 이해한 것이다.

나와 샤오위 엄마는 입꼬리를 씰룩거리며 얼굴을 마주 봤다. 1초 후, 너 나 할 것 없이 웃음을 빵 터뜨렸다. 샤오위 엄마는 깔깔거리며 웃다가 눈물까지 흘렸다.

"엄마, 왜 엄마 눈에서 액체가 나와요?" 어느새 우리 곁으로 다가온 샤오위가 엄마의 눈을 빤히 들여다보며 이렇게 물었다.

나는 문득 아스퍼거적 두뇌와의 싸움이 쉬이 끝나지 않으리란 예감이 강하게 들었다. 그러나 샤오위가 스스로 이를 이겨낼 힘을 가지고 있다는 것도 믿어 의심치 않았다.

태어나서
죄송합니다

입을 굳게 닫았던
소녀 모엔

**침묵이라는
목소리**

 소아정신과를 찾는 아이 가운데 선택적 함구증을 앓는 환자는 그리 많지 않다. 하지만 이 병을 앓는 환자들과 가끔이지만 꼭 한 번씩 만나게 된다. 이들은 권리를 행사 하려고 침묵하는 게 아니며 스스로 증상을 조절할 수 있는 것도 아니다. 다만 말로 의사표현을 하고 싶어도 하지 못하는 것뿐이다.

 솔직히 말해 모엔이 앞서 진료실에 몇 번 다녀갔을 때 나는 도통 갈피를 잡지 못했다. 그때 아이는 고1이었는데 깔끔하고 단정한 모습에 칠흑 같은 긴 생머리가 눈에 띄었다. 언뜻 문학소녀의 이미지가 풍겼다. 하지만 진료실에 들어온 후로 한마디도 하지 않고 시선을 떨군 채 바닥을 응시했다.

"선생님, 우리 아이는 병원을 수없이 전전했어요. 심리 상담도 받아봤는데 바로 포기했어요. 애가 말을 전혀 하지 않으니까 상담을 진행할 수 없다고 해서요." 모엔 엄마는 아이와 달리 술술 이야기를 늘어놓았다.

"몇 살부터 말을 안 했나요?"

"어려서부터 말수가 적었어요. 수업 시간에 선생님이 자리에서 일어나 발표하라고 시켜도 꼼짝도 하지 않았죠. 그런데 성적만큼은 좋았어요. 머리는 엄청 똑똑하거든요. 한참 시간이 흐르니 선생님들도 더 이상 말하라고 강요하지 않았고 그럭저럭 별 탈 없이 초등학교와 중학교를…."

"잠깐만요, 그러면 집에서도 말을 안 해요?" 이런 식으로 물으면 내 앞에 앉아 있는 모엔에게 무안을 줄 수도 있었지만, 진단을 내리는 데 중요한 부분이었기에 부득이하게 질문했다.

아빠와 엄마 모두 웃음을 터뜨리며 입을 모아 말했다.

"전혀요. 집에서는 말이 너무 많아요."

"집이야 말할 것도 없고 방금 대기할 때도 내내 같이

떠들었는데요."

모옌은 여전히 조각상처럼 무표정으로 시선을 내리깐 채 꼼짝도 하지 않았다.

'프로즌(Frozen. 얼어붙은).' 의학서에는 선택적 함구증의 아이를 이렇게 묘사한다. 아이들이 말하지 못하는 이유로는 대개 지나친 사회적 불안감을 꼽는다. 그렇기에 낯선 환경이나 사람에게 노출되면 아이는 그야말로 '급속 냉동'된 것처럼 얼어붙어 버린다. 말커녕 손가락 하나 까딱하기 힘들 정도다.

그러나 이런 아이들은 집에서는 말할 수 있으며 친숙한 가족이나 친구들과의 상호 작용에는 문제없다. 바로 이런 점 때문에 선택적 함구증을 앓는 아이들은 친한 친구와 있을 때와 모습이 다르다는 이유로 예의가 없고 가정교육이 덜 됐다는 비난을 받곤 한다. 분명 말할 수 있는데 인사도 안 하고 웃어른에게 말도 건넬 줄 모르니, 넉살 좋은 아이들처럼 예쁨받지도 못한다.

사실 선택적 함구증의 아이는 이런 상황에 어떻게 대처해야 하는지 머리로는 잘 알지만 몸이 따라주지 않는 것이다. 눈앞에 있는 낯선 대상이 자신에게 관심을 기울일수록 심장이 더 빨리 뛰며, 손바닥이 점점 축축해진다. '얼어붙은' 듯한 겉모습과 달리 속마음은 용암이 솟구쳐

오르는 화산 같고 불안을 억누르지 못한다. 그와 동시에 겁이 나는 상황에서 한시라도 빨리 벗어나고 싶은 생각밖에 들지 않는다.

**말하고 싶어도
말할 수 없는 속마음**

증상으로 보건대 모옌의 경우 선택적 함구증이 맞지만 백 퍼센트 확신할 수는 없었다. 이렇게 높은 연령대에서 나타나는 사례를 본 적 없기 때문이다. 정신과 의사든 소아정신과 의사든 '상담'은 유일한 진단 도구임에 틀림없다. 하지만 당시의 나로서는 눈앞의 소녀에게 그 어떤 말로 된 자료를 얻을 수 없었다. 할 수 없이 진단을 내릴 수 있도록 다른 가능성의 문을 두드려 보기로 했다.

다른 사람과 어울리는 것을 싫어하고 고집도 센 편이라 자폐스펙트럼 장애일 가능성도 따져봐야 했다. 혹시 청소년 우울증이나 강박증은 아닐까. 어쩌면 정신증(의사와 얘기하지 말라는 환청을 듣는지도 모른다)을 앓을 가능성도 있었다.

그래서 나는 아이 부모에게 가정환경이나 성장과정에 대해 자세히 알려달라고 요청하는 한편 학교 선생님에게 질의서를 보냈다. 아이의 심리 검사도 함께 진행했는데 본인의 상태를 말로 설명할 수 없는 특수한 상황인 만큼 되도록 투사 검사와 문장 완성 검사 위주로 진행했다.

모든 진료 과정에서 모엔에게 사회성을 키우라는 등의 압박을 주지 않으려고 노력했으며, 가능하면 직접 질문을 던지지도 않았다. 그리고 너무 오래 시선을 주지도 않았다. 아이가 불편함을 느끼지 않기를 바라는 마음에서였다. 진료가 끝날 무렵 당부의 말을 전했을 뿐이었다.
"혹시 나한테 전하고 싶은 얘기가 있는데 말로 하기 어려우면, 다음에 미리 부모님께 전해두렴. 아니면 글로 써서 보여줘도 돼."

나는 아이가 살짝, 아주 살짝 고개를 끄덕이는 걸 봤다. 움직임이 어찌나 미세한지 내 시야가 흔들리는 줄 알았다.

그 후로 진행된 진료에서 아이 부모의 이야기나 학교에서 보내준 자료를 통해 다음과 같은 사실을 알게 됐다. 모엔은 어려서부터 소극적인 성격 때문에 어려움이 많았다. 그리고 새 학급이나 새 학교에 적응하는 데 남들보다 시간이 오래 걸렸다. 교우관계가 원만하지 않기 때문인지 모엔은 성적에 민감하고 스스로에 대한 요구가 높았다. 성적은 반에서 늘 3등을 유지했다.

고등학교에 진학하고부터 학교생활은 더욱 험난해졌

다. 친구들은 모엔의 특이한 면을 금세 눈치채고 '벙어리'나 '정신병자'라며 자주 놀려댔다. 더군다나 첫 시험 성적표를 받아든 모엔은 성적이 반에서 중간으로 떨어진 걸 알고는 정신적으로 무너지고 말았다. 매일같이 눈물바람을 하며 등교를 거부했다.

심리 검사를 맡은 임상심리사는 모엔의 심리 상태를 파악하기 위해 노력했다. 검사 과정에서 아이의 불안도가 높다는 사실이 드러났다. 한편 임상심리사가 관찰한 바에 의하면, 답안 작성 속도가 매우 느리지만 정확도가 매우 높게 나타났다. 꼼꼼하고도 정교한 성격의 아이로 판명된 것이다. 그러나 우울감이나 불안에 관한 항목의 점수가 믿을 수 없을 정도로 높았다.

검사 결과를 발표하는 날, 모엔과 부모님에게 임상심리사의 검사 결과를 설명했다. 미동도 하지 않고 설명을 듣던 모엔이 갑자기 울기 시작했다. 눈물도 모엔을 닮은 듯 소리 없이 두 뺨 위로 흘러내렸다.

그리고 기적처럼 모엔이 자신의 휴대전화를 건넸다. 화면에는 아이가 쓴 글이 빽빽이 적혀 있었다.

선생님, 매번 귀찮게 해드려서 정말 죄송해요. 저도 이러고 싶은 게 아니에요. 아침에 일어나 학교에 갈 생각

만 하면 아주 고통스러워요. 이렇게 모두에게 폐만 끼치는데 왜 살아야 하는지 모르겠어요. 늘 방에 틀어박혀 울고 또 울어요. 그러다 지쳐 잠이 들면 악몽을 꾸고요. 꿈에서 친구들이 저를 비웃고 선생님도 꾸짖어요. 저더러 벙어리에 별종이라면서 무리에도 끼워주지 않고, 음료수를 일부러 내 책상에 튀겨요. 그런데도 대꾸할 힘조차 없어서 울다 또 잠에서 깨요. 전 정말로 학교에 가고 싶지 않아요. 최근에 다자이 오사무(太宰治)의 『태어나서 죄송합니다(生れて、すみません)』를 읽었는데 꼭 제 얘기 같더라고요. 제 글을 끝까지 읽어주셔서 감사합니다.

나는 감격스러운 한편 마음이 아팠다. 반년이 지나 비로소 아이 목소리를 '듣게' 된 게 감동적이었지만 슬픔과 무력감으로 가득한 아이의 속마음을 들여다본 건 무척이나 마음 아팠다.

얼마 후 모옌은 홈스쿨링을 신청했다. 엄격한 자기관리를 위해 학습 스케줄도 미리 짜놓았고 체육 시간까지 마련했다. 엄마 말에 의하면, 학교를 그만둔 후로 아이의 정서에 변화가 생긴 것 같다고 한다. 물론 우울증 약물 치료를 병행한 것도 얼마간 도움이 됐을 것이다.

모옌의 가족은 계속 진료실을 찾았다. 진료 사이에 잠시 화장실을 가다가 세 식구가 웃으며 대화를 나누는 모습을 몇 번 봤다. 나는 일부러 그들을 방해하지 않았다.

하지만 진료실 안에서는 여전히 침묵을 금처럼 여겼다.

우리의 대화에는
굳이 말이 필요하지 않았다

어느덧 모옌이 고2가 됐다. 고3 선배들이 대입 시험을 끝내고 방학에 들어간 후로 모옌은 다시 불안해졌다. 수학이 모르는 것투성이라며 호소했지만, 부모가 직접 가르칠 수도 없거니와 학원에 갈 엄두는 내지도 못했기 때문이다.

진료 때 엄마가 이 일을 상담했다. 선생님과 일대일로 만나는 게 힘들면 웹으로 수업을 받으면 어떨까요? 온라인 강의를 듣는 것도 도움이 되지 않을까요? 나는 이런 몇 가지 제안을 했지만 별 도움이 되지 않은 듯했다.

다음 진료 때 엄마는 과외 선생을 구했다는 뜻밖의 소식을 전했다.

"아이가 일대일 과외를 받겠다고 했나요?" 나는 아주 깜짝 놀랐다.

"우리도 많이 놀랐어요. 첫 수업에 애가 미리 써둔 편지를 선생님한테 전달했어요. 어떤 이유로 말을 할 수 없으니 선생님은 가르치는 데만 집중하고 질문은 하지 않았으면 한다고요. 대신 궁금한 게 생기면 글로 써서 전해 주겠다고 했어요." 엄마가 소식을 공유해 주었다.

"많이 발전했네요. 불안을 극복했을뿐더러 미리 대책을 마련했으니까요." 내가 피드백을 했다.

"정말 많이 좋아졌어요. 우리 요구를 다 들어준 이번 과외 선생님도 정말 좋은 분이고요. 우리 아이 같은 애를 가르치기 싫어하는 선생님도 있을 텐데…."

"모옌은 엄청 노력하는 학생이잖아요. 선생님도 다 느꼈을 거예요. 그리고 지난 2년 동안 진료받느라고 힘들었을 텐데도 빠짐없이 잘 다닌걸요." 아이 엄마가 또다시 부정적인 감정에 빠질세라 주의를 끌 겸 2년간 느낀 점들을 이야기했다.

나중에 우리는 모옌의 법학과 지원에 대해 상의했다 (물론 이야기는 나와 모옌의 부모만 했다). 도저히 면접을 치를 자신이 없으면 대입 시험에 최선을 다해야 한다는 대화를 끝으로 그날의 진료를 마무리 지었다.

진료가 2년간 이어지도록 나는 모옌의 입에서 단 한마디도 들을 수 없었다. 환자의 말을 많이 듣기도 하거니와 본인도 말을 많이 해야 하는 정신과 의사로서는 좀처럼 하기 힘든 경험이었다. 아이 엄마가 말하길, 모옌은 나를 무척 좋아한다고 했다. 말을 하라고 강요하지 않는다는 이유에서였다.

나는 문득 내담자와 관계를 형성하는 데 다양한 방법이 있다는 사실을 깨달았다. 그동안 모옌은 말이 아닌 행동으로 표현한 게 아닐까. 아이의 이야기를 귀로 직접 들을 수 없었지만 내가 마음으로 이해하면 그걸로 충분함을 이제는 알게 됐다.

우리 애가
자폐일 리 없어요!

특수반에 가야 하는
자폐 소년 란이

**완벽해 보이는
가족에게 숨은 어려움**

유치원을 다니는 란이는 앵두 같은 입술에 크고 동그란 눈을 가진 꽃미남이었다. 티 없이 맑은 두 눈은 항상 먼 곳을 향했는데, 시선 끝에 무엇이 걸려 있는지 알 수 없었다. 다만 나 같은 아줌마는 그 눈길이 살짝 스치기만 해도 마음이 사르르 녹아버렸다.

사실 란이의 관심 대상은 사람이 아니라 교통수단이었다. 그리고 세 살인데도 아직 자기 생각을 언어로 표현하지 못했다. 아빠 차를 타고 외출하다가 고급 승용차를 보면 '아아!' 하고 소리치는 식이었다.

"보통 마세라티나 페라리 같은 고급 승용차에 격하게 반응해요. 저번에는 람보르기니를 발견하고 크게 소리를 질렀어요."

미술 선생님인 란이 엄마는 고상한 분위기를 풍겼다. 한편 매번 양복 차림으로 병원에 오는 아빠는 키도 훤칠하고 잘생겨서 모든 이의 시선을 한몸에 받았다. 란이는 그런 아빠의 외모를 빼다 박은 듯했다.

이들 셋은 누가 봐도 완벽한 가족이었다. 그래서인지 엄마는 처음에 란이가 자폐란 사실을 부정하기에 급급했다.

"사실 한 살 무렵부터 좀 이상했어요. 애가 흥얼거리기라도 할까 싶어 동요를 이것저것 틀어줘 봤는데 반응이 전혀 없더라고요. 두 살쯤에는 '아빠', '엄마'를 아무리 가르쳐도 입도 벙긋하지 않았어요. 한번은 애를 앞에 앉혀 놓고 낱말 카드를 보여줬는데, 마치 제가 때리기라도 한 것처럼 기겁하고 도망치더라고요."

엄마는 잔뜩 풀 죽은 목소리로 말을 이어갔다. 란이는 진료실 한쪽 구석에 조용히 앉아 장난감 차의 바퀴를 손가락으로 빙글빙글 돌리고 있었다. 우리에게는 전혀 관심을 보이지 않았다.

"매일 자동차 잡지만 뚫어져라 들여다봐요. 또 텔레비전에 자동차 광고가 나오면 넋을 놓고 보죠. 그런데 그것

말고는 아무것도 안 봐요. 한번은 그림을 그리게 했더니 자동차만 계속 그리더라고요. 그것도 꽤 비슷하게요."

"인터넷을 찾아보니까 자폐 증상과 좀 비슷한 것 같더라고요. 하지만 우리 집안엔 그런 내력이 없는데 그럴 수가 있나요? 선생님은 전문가시잖아요. 선생님이 보기엔 어떤가요?" 엄마가 판결을 기다리는 죄인처럼 초조한 얼굴로 물었다. 갑자기 내가 마치 비정한 판사가 된 듯한 기분이 들었다.

사회경제적 지위가 높은 부모일수록 정보와 지식 습득 능력이 뛰어나다. 그러나 그간의 경험을 바탕으로 보면 머리로 이해하는 것과 가슴으로 받아들이는 것은 별개의 일이다.

"검사 결과를 보면, 란이는 현재 언어와 인지 발달이 또래보다 느린 편이에요. 발달치료가 꼭 필요해요." 나는 부모가 받아들이기 한결 쉬운 얘기로 슬쩍 운을 뗀 뒤 본론으로 들어갔다.

"란이는 사람에게 관심이 없어요. 대신 고급 자동차를 유달리 좋아하고, 장난감 자동차를 줄지어 세우는 행동 등을 반복하죠. 특정 소리에도 민감하게 반응하고요. 이런 증상만 놓고 보면 자폐가 거의 확실합니다."

갑자기 란이 엄마의 두 눈에서 눈물이 폭포처럼 쏟아

지기 시작했다. 마치 물이 가득 담긴 수조가 와장창 깨진 것처럼. 나는 서둘러 휴지를 뽑아 내밀었지만, 엄마는 멍하니 앉아 눈물만 흘릴 뿐이었다. 나는 어쩔 수 없이 망연자실한 아빠에게 휴지를 건넸다.

"선생님, 그러면… 말문이 트이긴 할까요?" 란이 아빠가 내게 던진 첫 질문이었다.

"그건 치료를 해봐야 알 것 같아요. 란이는 아직 어리니까 잠재력이 무한해요. 가능성을 믿고 얼른 발달재활 서비스를 신청하세요."

솔직히 말해 란이의 발달 지수는 전반적으로 썩 좋지 않다. 세 살이 됐는데도 표현 언어의 발달이 미미한 수준이라 시간이 지나도 나아질 가능성이 극히 낮았다.

"말도 안 돼, 우리 애가 자폐일 리 없어요!" 엄마가 자리에서 벌떡 일어나 란이 손에 들린 장난감 차를 빼앗았다. 그리고 두 팔로 아이를 꽉 끌어안았다. "그만해! 그거 갖고 놀지 마!"

란이는 엄마의 품이 답답했는지 몸을 배배 꼬며 벗어나려 했다. 아빠가 그런 엄마를 간곡하게 말렸다. "여보, 그러지 마…."

"이게 다 자동차를 좋아하기 때문에 그런 거잖아. 그러니까 앞으로 못 갖고 놀게 하면 되는 거 아냐?" 엄마는 아빠에게 버럭 고함을 질렀다.

진료실 공기가 순식간에 얼어붙었다. 그때 란이가 몸을 비틀며 '아아!' 하고 소리쳤다. 엄마는 그제야 이성을 되찾고는 황급히 아이를 놓아줬다. 그러고는 뒤늦게 밀려온 수치심에 고개를 푹 숙인 채 밖으로 뛰쳐나갔다.

아이는 자석에 끌리듯 장난감 차 앞으로 걸어갔다. 란이 아빠가 엄마의 돌발 행동에 대해 연신 사과했다. 나는 아빠에게 위로의 말을 건넸다. "괜찮아요, 받아들이기 쉽지 않은 문제니까요. 지금은 발달치료가 무엇보다 시급해요. 자폐 여부와 상관없이 한시라도 빨리 치료받으세요."

란이네 가족이 돌아간 후, 근심과 걱정이 물밀듯이 밀려왔다. 부모가 진단 결과를 부정하다가 치료 시기를 놓칠 수도 있기 때문이다.

이런 일이 생길 때마다 나는 당시 상황을 돌이켜 보곤 했다. 자폐라는 병명을 밝히지 않고 일단 치료부터 받으라고 설득해야 했을까?

그러나 나는 의사였다. 아이 부모에게 정확한 병명도 알려주지 않고 과연 효과적인 처방을 내릴 수 있을까?

아이는 느리지만
분명히 성장한다

그 후로 몇 달간 내 머릿속은 엉킨 실타래처럼 복잡했다. 그러던 어느 날, 진료 명단에 적힌 란이 이름을 발견했다. 나는 문득 란이를 병원에 데려온 사람이 엄마와 아빠 중 누구일지 궁금했다.

"여기서 그룹 치료를 받을 수 있다고 들었어요. 란이를 거기에 등록시키고 싶어요." 간편한 옷차림으로 나타난 란이 엄마가 대뜸 이렇게 말했다.

"네네, 문제없어요. 제가 도와드릴게요. 저기, 지금 란이는 무슨 수업을 듣고 있나요?"

사실 란이 엄마가 말하는 '그룹 치료'란 '자폐아 사회성 훈련반'을 뜻했다. 나는 지난번 경험을 떠올리며 '자폐'라는 말은 가급적 입에 담지 않았다. 어렵사리 용기를 내어 찾아와 준 그를 자극하고 싶지 않았다.

"현재 유치원을 다니는데, 일주일에 한 번씩 집으로 특수교사를 보내줘요. 감각통합훈련반과 언어치료반, 율동반에도 등록할 생각이에요. 아직까진 아이를 통제하는 게 쉽지 않아요. 그래도 선생님이 조금씩 발전하고 있대요."

란이는 원래 온순한 성향의 아이였다. 자신만의 세상

에 빠져 있긴 하지만, 유치원에서 문제를 일으켜 선생님을 곤란에 빠뜨릴 위험은 낮았다. 마침 우리 병원은 위생복리부와 연계된 아웃리치 프로그램을 운영 중이었다. 전문가가 직접 교육기관을 찾아가 지원하는 프로그램이었다. 나는 란이 엄마에게 참여할 의향이 있는지 물었다.

"유치원에선 란이 같은 애들을 가르쳐본 경험이 거의 없을 테니 전문가의 조언이 필요할 거예요."

란이 엄마는 프로그램에 참여하는 대신 유치원 선생님에게 란이가 자폐아임을 밝히지 말아달라고 부탁했다.

나는 매 학기 유치원을 방문해 란이에게 맞는 교육법을 제시했다. 에이미 선생님을 만난 것도 란이 덕분이었다. 그는 매우 성실하고 능력 있는 여성이었다. 한 반에 30명 정도 되는 아이들을 꼼꼼하고 세심하게 보살폈다. 그러면서 틈틈이 란이에게 개인 지도를 해줬다.

"란이한테 이 그림책을 보여줬어요. 이제는 부엉이와 기린을 구별할 줄 알고, 울음소리도 조금 흉내 낼 줄 알아요. 하지만 란이와 소통을 많이 해본 사람만 겨우 알아듣는 수준이에요." 선생님이 동물 그림책을 펼치며 말했다.

"동물원 사진을 보여주고 부엉이와 기린을 찾는 연습을 시켜보세요. 시각과 지각 능력을 기르는 데 도움이 될 거예요. 또 이 동물들을 이용해 숫자 공부도 시켜보세요." 나는 에이미 선생님에게 몇 가지 제안을 했다.

자폐아를 교육할 때는 보통 아이가 현재 관심을 보이는 사물을 활용한다. 그래야 다른 사물에 대한 흥미를 이끌어낼 가능성이 높기 때문이다.

한편 나는 그룹 치료를 진행하는 임상심리사에게 란이 모자의 소식을 종종 전해 들었다.

초반에 란이 엄마는 아이와 교감을 잘 나누지 못했다. 크게 실망했지만 그래도 좌절하지 않고 꾸준히 노력했다. 수업 시간에 내준 과제도 기필코 완수해 왔다. 뒤로 갈수록 모자간의 상호 작용이 부쩍 늘어났다. 란이가 소리를 내어 의사를 표현하는 일도 많아졌다.

"다만, 란이가 다른 애들보다 발달 속도가 느린 편이에요. 란이 어머님을 만나면 좀 다독여주세요. 낙담하실까 봐 걱정되네요." 임상심리사가 염려 섞인 목소리로 말했다.

우리는 란이를 지켜보며 기쁠 때도 있었고, 실망할 때도 있었다. 아이의 성장은 거북이처럼 느리기는 했지만, 그래도 차근차근 단계를 밟아 유치원 상급반까지 올라갔다. 마침내 졸업식이 코앞으로 다가왔다. 연극 연습이 막바지에 이르렀을 무렵 나는 유치원을 찾았다.

란이의 배역은 사과나무였다. 비록 대사는 한마디도 없었지만, 란이는 수많은 연습을 통해 무대에서 자신이 어떻게 해야 하는지 깨달았다. 먼저 두 손을 높이 치켜든 채 가만히 서 있다가 선생님이 신호를 주면 무대 왼쪽에서 오른쪽으로 이동했다. 그리고 배경음악에 맞춰 손에 든 사과를 떨어뜨렸다.

"연습시키느라 진이 다 빠졌어요. 그래도 란이를 무대 위에 꼭 세우고 싶었어요. 란이도 우리 반의 소중한 아이니까요." 에이미 선생님이 이렇게 말했다.

"그동안 란이를 잘 돌봐주셔서 감사합니다. 덕분에 란이가 정말 많이 발전했어요." 나는 진심을 담아 고마움을 전했다.

임상심리사의 세심한 지도 덕분에 란이는 유치원 졸업 무렵에 간단한 문장 정도는 구사할 줄 알게 됐다. 단체 활동을 할 때도 다른 아이들과 협력하는 모습도 조금씩 보여주기 시작했다.

며칠 후, 엄마가 진료실에 찾아와 사과나무 분장을 한 란이 사진을 보여줬다. 자그마치 백여 장에 달했다.

"란이가 무대 효과음에 맞춰 사과를 바닥에 떨어뜨렸어요. 정말 대견해요!" 란이 엄마의 목소리는 한껏 들떠 있었다. 나는 감격에 겨워 고개를 끄덕였다.

초등학교에 들어가면서 란이의 성장은 더욱 눈부셨다. 눈 깜짝할 사이 3학년이 됐다.

란이 부모는 이제 아이의 장점을 찾는 데 좀 더 집중하고 있다. 발달재활 서비스를 이용한 경험도 다른 부모들에게 스스럼없이 공유하며 용기를 북돋아 주고 있다. 최근에는 란이를 데리고 자주 놀러 다녔다. 여행이 아이의 성장과 학습에 큰 도움이 된다고 믿기 때문이다. 얼마 전에는 오키나와를 갔다가 '상어'라는 낱말을 배웠다고 들었다.

초등학교 입학 전만 해도 우리 모두 란이가 특수반에 들어가리라 예상했었다. 그렇기에 성장하는 란이를 볼 때마다 더욱 기쁘고 놀라울 수밖에 없었다. 이제 란이에게 낱말과 간단한 문장 만들기쯤은 식은 죽 먹기였다.

"애가 갈수록 창의성이 높아지고 있어요. 한번은 학교 선생님이 '주머니'의 '니'자가 들어가는 낱말 만들기 퀴즈를 냈는데 란이가 뭐라고 답했는지 아세요?" 요즘 란이 엄마는 친척 집을 방문하듯 마음 편히 진료실을 드나들고 있었다.

"뭐라고 했나요?"

"람보르기'니'요!"

나는 란이 엄마와 손뼉을 치며 크게 웃었다. '이 녀석, 취향은 그대로네.'

내게 수학은
암기 과목이었어요

장애의 의미를
다시 묻게 하는 수학 소녀

수포자의 고백

"내게 수학은 암기 과목이었어요." 내 앞에 앉은 여성이 웃으면서 하는 말에 나는 어안이 벙벙해 눈만 끔뻑거렸다.

"수학을 외운다고요?"

"전 간단한 계산도 못했어요. 예를 들어 '8+5=13'이라는 수식을 통째로 머릿속에 집어넣거나 전에 외운 걸 쪼개서 생각해 냈어요. 먼저 '5=2+3'을 떠올리고, '8+2+3'으로 답을 찾는 식이죠. 숫자가 큰 계산은 잘 못 외웠어요. 손으로 써서 풀면 시간이 정말 아주 오래 걸렸고 오답이 많았어요." 그의 말은 계속 이어졌다.

"어려서 엄마 손에 이끌려 방문 학습지를 시작했어요. 반복 계산이 많았는데요, 풀면서 모든 문제를 외우게 됐어요. 학교에서 시험을 볼 때도 외운 문제가 나오면 전부 답을 쓸 수 있었어요. 초등학교 때는 제가 수학을 잘하는 줄로만 알았어요. 암기라면 정말 자신 있었거든요. 구구단 정도는 식은 죽 먹기였으니까요."

"나중에는 어떻게 됐어요?"

"중학교 들어가니까 외워야 할 유형이 많아졌어요. 시험을 잘 보고 싶은 마음에 참고서를 한 보따리 사서 집에서 계속 연습했어요. 그런데 문제가 점점 어려워지면서 이해할 수 없는 것도 덩달아 많아졌어요. 나중에는 본 적 없는 문제도 생겼고요. 그래서 먼저 답안지를 보고 풀이 과정을 전부 외워버렸어요. 이렇게 외우면 다음에는 풀 수 있더라고요. 이런 식으로 공부하다 보니까 수학 성적이 들쭉날쭉했어요. 시험에 전부 외운 문제만 나왔을 때는 반에서 1등을 했어요. 운 나쁘게도 외운 문제가 안 나오면 성적이 10등은 떨어졌고요."

"그러면 문제를 풀 때 무슨 공식을 써야 하는지는 어떻게 알았어요? 그리고 공식 안에서 어떤 변수를 어떤 숫자에 대입할지는 어떻게 알아요?" 나는 정말 궁금했다.

"그건 저도 모르죠! 고등학교부터는 문제 유형이 너

무 많더라고요. 시험이 대부분 객관식인 게 다행이었죠. 시험지를 받자마자 알고 있는 모든 공식을 시험지 귀퉁이에 적어 놓고 하나씩 적용했어요. 어떤 문제는 보면 알았지만, 정말 모르겠는 것도 있었어요. 그러면 모든 숫자를 공식에 대입해 봤어요. 풀어서 나온 숫자가 선택지에 있으면 그게 답일 확률이 높은 거죠."

나는 놀라움을 금치 못했다. "정말 힘들었겠어요. 그렇게 하려면 시간이 아주 오래 걸렸겠는데요."

내 앞에서 해사하게 웃는 여성은 내가 진료하는 환자가 아니라, 같이 일하는 동료다. 그는 우리 진료실에서 소개해 준 아이들의 주의력 향상을 위한 그룹 훈련을 맡고 있다. 모든 아이를 성심성의껏 대하며 그룹 활동이 끝날 때마다 아이들의 수업 태도나 보호자의 반응 같은 유용한 정보를 한아름씩 넘겨줬다.

줄곧 1지망의 학교에 진학했던 그에게 이런 어려움이 있었을 줄은 생각지도 못했다.

"중학교 시절에는 크게 좌절했어요. 다른 과목들은 성적이 잘 나오는데 왜 유독 수학만 다른 친구들에게 뒤처지는지. 전 제가 멍청해서 그런 줄로만 알았어요. 진짜 똑똑한 사람은 수학을 잘한다고 다들 그랬거든요."

"고등학교에 들어가서는 더 엉망이 됐어요. 수학 말

고 물리, 화학도 비슷한 위기를 겪었거든요. 할 수 없이 학원에 다녔는데 거기 선생님들은 문제 유형을 깔끔하게 정리해서 어떤 게 시험에 잘 나오는지 콕콕 집어주셨어요. 저는 그것만 달달 외웠죠." 그의 설명을 들으니 '수학은 암기 과목'이란 말이 무슨 뜻인지 피부에 와 닿았다.

"그러면, 그때 왜 인문계를 선택하지 않았어요?" 내가 질문했다.

"아마 사회적인 기대 때문이겠죠. 다들 이과에 가야 취업도 잘된다고 했거든요. 더군다나 고등학교에 가서 제가 이과 쪽에 관심이 많다는 걸 알게 됐어요. 실은 그때 저도 시험 성적이 잘 안 나올까 봐 걱정이 돼서 지정 과목 시험(열 과목 가운데 몇 과목을 골라 치르는 대만의 대입 시험 중 하나로, 2021년에 폐지됐다—옮긴이) 때 이과 수학 갑과 문과 수학 을에 모두 응시했어요. 나중에 결과를 보니까 예상 밖이었어요. 원래 수학 을이 더 쉽잖아요. 그런데 전 수학 갑 문제만 외워서 70점을 맞았고, 수학 을은 30점밖에 못 받았어요." 그는 조리 있게 설명을 이어갔다.

"네? 수학 갑 성적이 수학 을보다 잘 나왔다고요?" 나는 크게 놀란 나머지 하마터면 침을 튀길 뻔했다.

"문제를 외웠으니 잘 나올 수밖에요. 제게 수학은 문제의 난도보다는 암기 여부가 더 중요했어요."

나는 그제야 수학을 암기하는 사람이 진짜 있다는 사실을 믿게 됐다.

"그러면 기억력이 정말 좋으시겠어요. 전부 다 외워야 했으니."

"그러니까 진짜 힘들었어요. 고등학교 때는 외울 게 너무 많으니까 새벽 두세 시까지 암기만 했어요. 더군다나 그때는 이런 제가 이상한 줄도 몰랐어요. 대학에 들어가서야 친구들과 대화를 나누다가 제가 남들과 수학을 공부하는 법이 다르다는 사실을 깨달았거든요."

"이건 학습장애의 일종인데 수학장애는 아주 드문 편이에요." 나는 그만 여기서 직업병이 도지고 말았다. "그런데 적응을 정말 잘하셨어요. 학교 측에 수학장애라고 밝혀도 인정해 주지 않을 가능성이 크거든요. 그런데도 전부 외워서 70점이나 맞았네요."

"학교에서 무슨 지원을 해주는지 저는 잘 몰라요. 대학에 입학해서 엄마한테 제 상황을 알렸더니 자책하시더라고요. 일찍 알아채지 못해서 딸을 힘들게 했다면서."

"학습장애는 특별 지원을 받을 수 있을 뿐이지 별다른 치료법도 없어요. 대부분 반복적인 연습에 의존할 뿐이죠." 공식적인 도움을 받았더라도, 결국 모든 문제를 외우는 것과 별반 다르지 않았을 거라는 얘기였다.

학습장애의 실체와 현실

진료실을 찾는 학습장애 아동들을 보면 읽기장애와 쓰기장애가 차지하는 비율이 높다.

어떤 아이들은 영리하고 말도 논리정연한데 b를 d로 쓰는 식으로 좌우가 뒤집히는 현상이 일어난다. 한자도 부수 위치를 틀리며 글자를 읽을 때도 발음을 자주 혼동한다. 과장을 조금 보태면, 시험지에 답안을 적는 데 걸리는 시간이 다른 사람의 수십 배가 되기도 한다.

읽기가 어려운 아이도 많다. 이야기를 들어보면 글씨가 춤을 추거나 날아다니는 것 같다고 한다. 아이들은 글자에 무슨 뜻이 담겼는지 알기 위해 무진 애를 써서 추리해야 한다.

현대 의학에서 학습장애는 아직까지 뚜렷한 원인이 밝혀지지 않았으며 근본적인 치료법도 없는 실정이다. 소아정신과 의사는 학습장애를 앓는 아이에게 진단서를 발급해서 학교에서 특수교육을 받도록 도와줄 뿐이다.

읽기장애를 앓는 몇몇 아이들은 학교에서 시험을 볼 때 선생님이 문제를 대신 읽어주니 성적이 대폭 향상됐다. 이로써 아이들이 실은 똑똑하다는 게 증명됐다. 점수가 오른 시험지를 들고 온 아이들을 볼 때면 나는 보람을 느꼈다.

쓰기장애의 경우 일부 학교에서는 시험 시간을 더 넉넉하게 배정해 준다. 그러면 아이들은 쓰고 검토하는 데 충분한 시간을 할애할 수 있다. 이런 아이들은 글짓기 시간에 손글씨 대신 컴퓨터를 쓰게 한다면 제 실력을 발휘할 수 있을 거라고 나는 생각한다.

장애를 극복한다는 것의 진정한 의미란

"만일 예전으로 돌아가 선택의 기회가 주어진다면 수학을 배우는 데 아무런 지장이 없는 삶을 택하시겠어요?" 나는 내 앞에 있는 동료에게 질문을 던졌다. 줄곧 어려운 길을 걸어왔을 그를 생각하니 마음이 아팠다.

동료는 한참 생각을 하다 겨우 입을 열었다. "저도 물론 이런 생각을 해봤죠. '만일 수학 공부를 평범하게 할 수 있었더라면 성적이 더 좋았을 텐데' 하고. 어쩌면 지금 다른 일을 하고 있을지도 모르죠. 저도 선생님처럼 의사가 됐을 수도 있고요. 하하."

그는 나를 힐끗 쳐다보더니 다시 말을 시작했다.

"하지만 전 지금 생활에 꽤 만족해요. 그래서 꼭 학습장애에서 벗어나야겠다고 생각하지는 않아요. 반대로 이것 때문에 더 노력하지 않았나 싶어요. 만일 이 문제가 없었다면 이렇게 필사적으로 애쓰진 않았을 거에요. 주위 사람들이 나를 사랑해 주고 많이 도와준다는 걸 잘 알아요. 우리 엄마가 그랬듯이 말이죠. 다만 그때 당시에 왜 이렇게 힘들어하는지 몰랐을 뿐이에요. 그래서 엄마를 원망하지 않아요. 저를 사랑하신다는 걸 아니까요."

내 동료는 확신에 찬 어조로 자신의 상황을 설명했다. 마치 진료실 안에 온기가 퍼져 나가는 듯했다.

그렇다. 우리는 모든 질병이나 장애에 맞는 치료 방법을 찾으려 노력한다. 하지만 인력으로는 안 되는 일이 있기에 의료나 교육 방면에서 충분한 도움을 주지 못할 때가 많다.

사실 아이들을 돕는 데 가장 중요하면서도 간단하지만 소홀히 여기는 부분이 있다. 그건 바로 아이들이 장차 어떤 모습으로 성장하든 스스로가 사랑받을 만한 존재라고 믿게 만드는 것이다.

소아정신과를 찾는 아이들은 빙산의 일각에 불과하다

 수많은 아이가 도움이 필요하면서도 여러 이유로 진료실 문을 두드리지 못한다. 정신과라는 낯선 진료과의 문턱을 넘기 힘들었을 수도 있으며, 소아정신과에서 도움받을 수 있다는 사실 자체를 몰랐을 수도 있다. 어쩌면 예약이 힘들다거나 주차가 불편하다는 이유도 있을 것이다. 내가 미처 떠올리지 못하는 수많은 이유가 정신과 방문을 가로막고 있는 게 아닐까.

 확실한 점은 소아정신과를 찾는 아이들은 빙산의 일각에 불과하다는 사실이다.

 다행히도 대만 위생복리부 심리및구강건강사(心裡及口

腔健康司)는 병원을 찾지 않는 아이들에게 주목했다. 이에 따라 2022년부터 '정신장애인 정신의료서비스 품질개선 프로그램'이 추진됐다. 내가 일하는 병원에서도 이에 따라 서비스를 제공하고 있다.

이름이 길고 거창한 이 프로그램의 목적은, 소아청소년 정신과 의사와 임상심리사, 사회복지사가 상담실이나 병원을 벗어나 아동발달센터나 초등학교, 중학교를 직접 방문해 관계자와 협업하는 데 있다. 정신적으로 어려움을 겪는 아동이 있는 곳이라면, 특정 센터나 학교, 심지어는 산속이나 밭 한가운데, 오래된 삼합원(三合院, ㄷ자 형태의 대만 전통 가옥-옮긴이)까지도 전문가가 직접 찾아간다. 심리나 행동에 문제가 있는 아이들을 만나고 아동과 교사 혹은 보호자에게 적절한 조언을 해주는 것이다.

병원 밖에서 만나기 때문인지 보호자는 정신과 의사를 거부감 없이 잘 받아들인다.

소아 청소년 정신과 의사가 된 첫해, 아직 풋내기였던 나는 이 프로그램의 책임자가 됐다. 나는 병원 진료실과 병동에 익숙했지만 어느새 산속이나 농촌의 초등학교, 해안가 아동발달센터를 휘젓고 다니게 됐다.

최근 몇 년간, 윈자난(雲嘉南, 대만 남부의 윈린雲林, 자이嘉義, 타이난台南에 이르는 3개 지역-옮긴이) 지역의 센터나 학교에서

요청만 하면 여러 전문가와 함께 현지 아이들을 만나러 갔다. 그들이 생활하는 곳에 직접 가 보니 익숙한 삶의 터전에서 활발하고 편안한 모습을 볼 수 있었다. 병원에서 늘 쭈뼛거리던 아이들만 보던 내게는 아주 낯선 경험이었다.

저는 아픈 형을 위해
태어났어요

제대로 된 관심을 받아보지 못한
다섯 살 아이

착하고 순한 칭셴

이날 우리가 찾아간 곳은 바닷가 마을에 있는 해안가 아동발달센터였다. 빈하이고속도로를 타고 쭉 달리다 갈림길을 빠져나오자 양어장이 나타났다. 양어장 주변 곳곳에는 허연 새우 껍질이 산더미처럼 쌓여 있었다. 곧이어 비릿한 바다 내음과 함께 한낮의 뜨거운 햇살에 쩍쩍 갈라진 땅이 눈에 들어왔다. 아스팔트 도로 위로는 아지랑이가 스멀스멀 피어올랐다.

우리는 근처에 차를 세우고 목적지를 향해 천천히 걸음을 옮겼다. 바닷가 주민들이 대문 밖으로 고개를 빼꼼 내밀고 호기심 어린 시선으로 우리를 쳐다봤다. 대부분은 러닝셔츠 차림에 슬리퍼를 꿰어 신은 어르신들이었다.

2층 건물 앞에 다다르자, 현관 방충망 너머로 아이들의 목소리가 들려왔다. 이곳이 바로 발달지연을 겪는 바닷가 아이들에게 희망의 등대라 할 수 있는 아동발달센터였다.

센터 팀장은 쾌활한 성격의 중년 여성이었다. 그가 친절한 목소리로 말했다.

"오늘 여러분이 만날 아이는 칭셴이에요. 나이는 다섯 살이고요. 사실 학습 속도가 좀 느릴 뿐이지 별다른 문제는 없어요. 수업 내용이 머릿속에 잘 안 들어오는지 자주 멍을 때려요. 하지만 말도 잘 듣고 아주 다정한 아이예요. 자기보다 어린 애들도 잘 챙겨주고요."

우리는 바닥에 녹색 퍼즐매트가 깔린 대략 33제곱미터 크기의 강당으로 들어갔다. 특별활동 시간에는 아이들이 모두 이곳에 모여 수업을 받았다. 두 살배기부터 예비 초등학생까지 나이도 다양할뿐더러 장애 유형도 가지각색이었다. 휠체어를 타거나 뇌성마비에 걸려 거동이 힘든 아이, 제멋대로 행동하는 아이, 자전하는 행성처럼 제자리를 빙글빙글 도는 아이, 자기만의 세상에 갇혀 이리저리 돌아다니는 아이 등등.

팀장의 말대로 칭셴은 착하고 순한 아이였다. 수업이

시작되자 진지한 얼굴로 선생님을 쳐다봤다. 이날 아이들은 자기 수준에 맞는 악기를 하나씩 맡아 합주 연습을 했다. 어머니날 행사 때 부모님 앞에서 공연을 하기 위해서였다. 센터에서 나이가 많고 학습 능력이 좋은 아이는 징이나 종, 탬버린처럼 리듬감이 필요한 악기를 다뤘다. 반면, 어리고 협동력이 부족한 아이들은 마라카스, 핸드벨처럼 비교적 연주하기 쉬운 악기를 담당했다.

칭셴이 맡은 악기는 작은북이었다. '엄마가 세상에서 제일 좋아요. 엄마가 있는 아이는 보석처럼 빛나요'라는 가사 중에 '좋아요'와 '보석'이 나올 때마다 북채를 휘두르는 임무를 맡았다. 우리가 보기에 칭셴은 선생님의 말씀을 귀담아듣는 듯했다. 잠시 후, 선생님이 노래를 틀어주자 아이는 박자에 맞춰 작은북을 내려치려 했다. 그러나 매번 한두 박자 늦게 '둥' 하고 울렸다. 아무도 아이를 나무라거나 질책하지 않았지만, 북소리가 점점 작아지더니 나중에는 거의 들리지 않았다.

부모의 무관심과
아이의 외로움

한 시간쯤 관찰한 후, 우리는 칭셴을 따로 불러 일대일 검사를 진행했다. 맨 처음에 색깔 맞추기를 했는데 아이는 몹시 부끄러워했다. 우리는 일부러 답을 맞힐 때마다 '와, 짱이다!'라며 한껏 추어올렸다. 그러자 아이의 얼굴에서 긴장의 빛이 사라지고 입가에 행복한 미소가 떠올랐다. 그때부터 아이도 인지놀이에 본격적으로 집중하기 시작했다.

칭셴은 유치원 상급반이면서도 아직 도형의 모양과 색깔을 잘 구분하지 못했다. 자주색과 귤색을 혼동하거나 삼각형을 정사각형으로 착각했다. 인지 발달 측면에서 중등도 이상 발달지연에 해당했다. 검사가 잠시 중단되면 아이는 금세 넋을 놓았다. 그러나 우리가 '칭셴!' 하고 부르면 반사적으로 수줍은 미소를 지었다. 검사가 끝난 후, 나와 임상심리사는 각자의 소견을 팀장에게 전달했다.

나는 칭셴의 타고난 자질이 나쁘지 않다고 평가했다. 아이가 집중할 수 있도록 누군가 옆에서 도와준다면 한 시간 안에 색깔 세 가지와 도형 네 가지를 익힐 수 있었다. 그러나 특별활동 시간에는 선생님이 통제하기 힘든 다른 아이들을 돌보느라 칭셴을 도와줄 여력이 없었다.

"이제 곧 초등학교에 들어갈 텐데, 일단 주의력 검사를 받아보고 약물 치료를 해야 할 수준인지 확인해 봐야겠어요. 입학 전까지 집중력을 높여준다면 학교 수업을 쫓아가는 데는 별 무리가 없을 거예요."

하지만 치료를 받지 않는다면 문제가 심각해질 수 있었다. 어쩌면 주의력 결핍이 발달지연의 근본 원인일지도 몰랐다. 이대로 가면 다른 애들보다 몇 배를 노력해도 절대 큰 성과를 거둘 수 없으리라.

팀장이 이마를 짚으며 인상을 찌푸렸다. "사실 우리도 걱정이에요. 칭셴은 초등학교에 들어가면 일반 학급 학생들과 수업을 같이 들을 예정이거든요. 그런데 '주음부호(대만에서 중국어를 표기할 때 사용하는 표음 문자—옮긴이)'는 둘째 치고 숫자도 아직 잘 못 써요. 그렇다고 특수반에 보낼 정도는 아닌 것 같은데."

나는 칭셴이 주의력 검사를 받고 오면 검사 결과지를 바탕으로 약물 치료 등에 대해 부모와 상담을 진행할 예정이었다. 그러나 센터를 다시 찾았을 때 칭셴은 여전히 혼자였다. 멍하니 앉아 있다가 우리와 눈이 마주치자 늘 그렇듯 겸연쩍은 미소를 지었다.

"부모님이 애한테 관심이 전혀 없어요." 팀장이 한숨을 푹 쉬며 말을 이었다. "선생님, 사실 칭셴한테는 형이 하나 있어요. 칭셴이 태어난 건 다 형 덕분이에요."

"네? 그게 무슨 말씀이시죠?"

"칭셴 형이 두 살 무렵에 백혈병 진단을 받았대요. 골

수 이식이 필요했는데 가족 중에 맞는 사람이 한 명도 없었죠. 그래서 결국 칭셴을 낳아 골수를 기증받기로 한 거예요."

소설 『마이 시스터즈 키퍼』의 내용이 현실에서 일어나다니.

"칭셴은 어릴 적부터 형을 따라 병원을 드나들며 피도 뽑고 여러 검사를 받았대요. 그러다 우연히 발달지연이 의심된다는 의사 소견을 들었나 봐요."

"칭셴 부모님은 형은 그렇게 애지중지하면서 왜 칭셴은 방치하다시피 하는 거죠?" 우리는 도무지 이해할 수 없었다.

"그게 자식 차별이 좀 심한 것 같아요. 칭셴은 부모한테 사랑을 많이 못 받고 자랐는지 처음 여기 왔을 때도 잔뜩 위축돼서 말을 전혀 안 했어요. 우리가 센터 차로 집에 데려다줄 때마다 아무도 마중을 안 나와요. 꼭 대문 앞까지 가서 큰 소리로 불러야 해요. 대개는 조부모님이 나오시는데 평소에 잘 놀아주지 않는지 서로 데면데면해요. 칭셴을 낳은 건 순전히 형 때문이잖아요. 그런데 발달지연이라고 하니까 정이 더 안 가나 봐요. 그거 아세요? 시골 사람들은 이런 애들을 '백치'라고 불러요. 형한테만 관심을 쏟는 것도 아마 그런 이유일 거예요." 팀장의 말투에서 막막함이 느껴졌다. "이럴 때 우리는 보통… 부모 복이 없다고 하죠."

아이의 인생도
그 마음처럼 빛날 수 있을까

그때 강당에 '엄마가 세상에서 제일 좋아요. 엄마 있는 아이는 보석처럼 빛나요'라는 노래가 또다시 울려 퍼졌다. 순간 번번이 북 치는 타이밍을 놓치던 칭셴의 모습이 눈앞에 어른거렸다.

"지난번에 칭셴이 저한테 두 분이 자기랑 놀아줘서 너무 좋았다고 하더라고요. 그 애가 그렇게 들떠서 말을 많이 하는 건 처음 봤어요."

이제 보니 칭셴의 주의력 결핍은 어른들에게 관심을 충분히 받지 못한 게 원인인 듯했다.

사실 이날 우리가 만나러 온 아이는 칭셴이 아니었다. 하지만 잠시 짬을 내어 저번에 공부한 내용을 복습해 보기로 했다. 칭셴은 신중한 눈빛으로 색색의 나무 블록들을 유심히 살펴봤다. 잠시 후, 블록 한 개를 앞으로 내밀며 기대에 찬 눈빛으로 우리를 쳐다봤다. 잘했다고 칭찬해 주자, 아이는 눈꼬리를 접으며 활짝 웃었다.

수업이 끝나고 간식 시간이 찾아왔다. 칭셴은 자기보

다 어린 남자애 둘과 한 테이블에 앉았다. 그중 한 아이가 과자 봉지를 뜯지 못해 칭얼거리자 칭셴이 말없이 손을 뻗었다. 그러자 과자를 빼앗는 줄 알았는지 아이가 울음을 터트렸다. 칭셴은 조심스러운 손길로 봉지를 벗겨서 아이 손에 과자를 쥐여줬다.

빈하이고속도로를 타고 집으로 돌아가는 길, 양어장 곳곳에 석양이 드리우기 시작했다. 머지않아 온 세상이 부드러운 황금빛으로 물들었다. 운전대를 잡은 임상심리사가 남쪽을 향해 날아가듯 내달렸다.

그사이 나는 줄곧 칭셴을 생각했다.

칭셴은 따뜻하고 배려심이 넘치는 아이였다. 그러나 안타깝게도 우리는 이 아이의 인생에 극적인 변화를 일으키지 못했다. 그저 그 고운 마음씨가 밝고 따스한 미래를 열어주길 기도할 뿐이었다.

우리 애가 이렇게 된 건
다 나 때문일까요?

**쓰레기통 옆자리에
외로이 앉아 있던 아이 샤오톈**

샤오톈은 시골 초등학교에 다니는 3학년 남자아이다.

시골 학교긴 하지만 규모는 그리 작지 않았다. 학년별로 두세 학급이 있었고 아이들은 서로를 속속들이 잘 알았다. 샤오톈은 1~2학년 때부터 악동으로 소문이 자자했고, 3학년이 되어 반이 바뀌어도 나쁜 평판은 좀처럼 사라지지 않았다.

나는 먼저 수업을 참관한 후에 선생님과 샤오톈의 부모님을 만나보기로 했다.

3학년 2반 교실에 들어가니 아이들의 호기심 어린 시선이 몽땅 우리에게 쏠렸다.

"누구세요?"

"손님들이셔."

"안녕하세요!"

선생님이 등장하자 소란스럽던 교실 분위기가 진정됐다. 나는 교실 뒤편에 앉았다. 의자가 작아서 다리를 쭉 펴도 구부려도 편치 않아 간신히 자세를 잡았다.

칠판을 보니 오른쪽 가장자리에 흰색 분필로 이렇게 적혀 있었다. '202○년 ○월 ○일 당번: 15, 16.' 그 옆에 그려진 표에는 빨간색 분필로 다음과 같이 쓰여 있었다. '수학 문제 안 낸 사람: 5, 9', '글짓기 공책 안 낸 사람: 5, 11….'

네다섯 줄가량 빽빽이 적혀 있었는데 5번이 빠짐없이 등장했다.

칠판의 왼편에는 1번부터 23번까지 세로로 쭉 쓰여 있었다. 번호 옆에는 바를 정(正) 표시가 있었는데 점수처럼 보였다. 살펴보니 바를 정자가 세 개 있는 15번의 점수가 가장 높았다. 반면 5번 옆에는 '2×' 표시가 있었는데 아마도 감점을 의미하는 듯했다.

선생님은 눈짓으로 내 오른쪽 앞에 앉은 아이가 샤오텐임을 알려줬다. 쓰레기통 옆자리였다. 교실에 아이들은 둘씩 짝을 지어 앉아 있었다. 이상하게도 샤오텐의 옆자리에만 아무도 없었다. 게다가 앞과 옆 분단 친구들과도 멀찍이 떨어져 있었다.

피부가 까무잡잡하고 눈동자가 새카만 샤오톈은 칠판에서 가장 먼 자리에 덩그러니 혼자 앉아 있었다. 태양에서 가장 멀리 떨어져 햇빛과 열을 받기 힘든 명왕성이나 블랙홀 주변의 별이 떠올랐다.

수업이 한창인 수학 시간, 선생님이 교과서를 들고 교실을 돌아다니며 문제를 냈다. "샤오메이는 샤오밍보다 사탕을 열 개 더 많이 가지고 있습니다. 샤오밍이 가지고 있는 사탕이 일곱 개일 때, 샤오메이는 모두 몇 개의 사탕을 갖고 있을까요? 여기서, 샤오메이가 가진 사탕의 개수가 샤오밍보다 열 개가 많잖아. 그러면 더해야 할까? 빼야 할까?"

"더해요!" 여기저기서 아이들의 대답이 들리자 샤오톈도 그 소리에 맞춰 답했다.

"시끄러워! 닥쳐." 작게 들리는 말에 처음에는 내 귀를 의심했다. 하지만 소리의 출처는 옆 분단에서 샤오톈을 매섭게 노려보는 덩치 큰 남학생이었다.

선생님은 학생들을 등지고 교실 앞쪽에 서 있어서 듣지 못한 듯했지만 내 자리에서는 또렷이 들렸다. 샤오톈은 기분 나쁜 말을 듣고 깜짝 놀라 눈을 동그랗게 뜨고 아랫입술을 꼭 깨물었다. 억울하고도 분한 모습이었다.

하지만 아무 대꾸도 없이 눈을 꾹 감고 선생님이 내는 그 어떤 문제에도 절대로 답하지 않았다.

잠시 뒤에 아이는 창밖을 멍하니 바라보며 연필을 흔들었다. 그러다 연필을 바닥에 떨어뜨려 '탁' 소리가 났다. 이를 눈치챈 선생님이 언성을 높였다. "샤오톈, 뭐 하는 거야? 나와서 문제 풀어봐!"

샤오톈은 잔뜩 주눅 든 모습으로 앞으로 나가 분필을 집어 들었다. 칠판에 무언가 끼적거리다 쓱쓱 지우길 반복할 뿐 끝내 풀이 과정과 정답을 써내지 못했다.

교단 아래의 친구들은 점점 인내심이 바닥났다.

"야! 틀렸어!"

"이렇게 쉬운 것도 못하냐."

야유가 쏟아지자 결국 선생님도 포기하고, 샤오톈을 교단에서 내려오게 했다. 그리고 다른 학생을 불러 문제 풀이를 시켰다. 샤오톈은 실망스러운 듯 고개를 푹 숙인 채 발을 질질 끌며 자리로 돌아갔다.

"멍청이." 가슴이 싸해지는 소리가 또다시 들려왔다.

이번에도 샤오톈에게 들렸는지 알 수 없었다. 아이는 수업 시간 내내 고개를 푹 수그리고 아무 말도 하지 않았다.

노력할수록 어긋나는
샤오톈의 학교생활

시간이 얼마나 흘렀을까. 기나긴 수학 수업 시간의 끝을 알리는 종소리가 들렸다. 나는 선생님에게 샤오톈이 평소 어떻게 지내는지 알아봤다.

"방금 보셨듯이 샤오톈은 수업에 영 집중을 못 하고 숙제도 늘 늦게 내요. 매번 일말의 믿음을 갖고 문제 풀이를 시키는데 정말 모르는 건지 수업을 안 듣는 건지 모르겠어요. 오늘처럼 앞에 나와서 멍 때리는 일이 잦아요." 선생님은 머리가 지끈거리는지 관자놀이를 지압했다.

그때 나는 샤오톈의 자리를 곁눈질했다. 다른 친구들처럼 끼리끼리 몰려 있지도 운동장에 나가 놀지도 않았다.

내가 샤오톈을 보고 있는 걸 눈치챈 선생님이 설명했다. "샤오톈을 나가 놀지 못하게 한 데는 이유가 있어요. 애가 흥분하면 누군가 꼭 다치거든요. 사실 반 친구들이 샤오톈을 그렇게 대하는 데도 그만한 사정이 있고요. 2학년 때 청소 시간에 샤오톈이 빗자루를 마구 휘두르는 바람에 십 대 일로 격투를 벌이는 무협영화처럼 일고여덟 명 얼굴에 상처를 냈어요. 그때 여학생 부모님들이 격분해서 얼굴에 흉터라도 남으면 책임을 물을 거라고 항의했어요. 문제가 커지는 바람에 학교가 나서서 학부모들을 진정시켰어요. 그 덕에 샤오톈이 학교에 계속 다닐 수 있게 된 거죠."

"3학년에 올라가서는 교우관계를 개선해 보려고 친구들과 많이 놀게 했죠. 그런데 개학한 지 채 일주일도 지나지 않아 피구를 하다가 또 친구 눈을 다치게 할 줄 누가 알았겠어요."

"힘을 주체하지 못하고 자꾸 폭력을 쓰니까 나중에 사과해도 아무도 받아주지 않더라고요. 한번 일이 터지면 부모님들이 자기 아이를 샤오톈과 놀지 못하게 했죠. 결국 제가 샤오톈은 바깥에서 못 놀게 했어요. 교실에 있으면 사고 못 치게 감시할 수 있으니까요."

"수업에 집중 못 하고, 자주 잊어버리고, 충동 조절이 잘 안되는 걸 보면 ADHD가 분명해요. 전에 진단받은 적이 있나요?" 내가 물었다.

"아버지가 아이에게 꼬리표 붙이지 말라며 반대했어요. 아이 상황을 알릴 때마다 교사로서 인내심을 가지고 지도할 일이라며 오히려 화를 내시더라고요. 일부러 연락을 피할 때도 있고요. 이런 일이 오래 반복되니까 집에 알리기도 꺼려졌어요." 선생님은 어쩔 수 없다는 듯 말했다.

"그러면, 어머니는요?"

"어머니는 베트남 분인데 결정권이 없는 것 같아요."

약물치료 후
아이의 삶이 달라졌다

선생님과 이야기하며 걷다 보니 어느새 학습도움반에 도착했다. 샤오톈의 아빠가 안에서 기다리고 있었다. 학습도움반 주임이 우리를 아빠에게 소개해 주었다.

단정한 상고머리를 한 샤오톈의 아빠는 성실한 육체노동자로 보였다. 첫인상은 약간 거친 형님 같았지만 몇 마디 나눠보니 수줍은 미소를 드러냈다. 가만 보면 순박하고 귀여운 구석이 있었다. 청초한 분위기의 엄마는 중국말이 별로 유창하지 않았고 외국인 억양이 느껴졌다. 우리가 대화를 나누는 내내 남편 옆에 딱 붙어 조용히 경청했다.

"제가 선생님 말을 못 믿는 게 아니고요, 샤오톈 상태에 나름의 생각이 있는 겁니다."

수업 시간에 샤오톈을 지켜본 이야기를 전하자 아이 아빠가 한숨을 내쉰 후 입을 열었다.

"제가 전에 베트남에서 일했을 때 샤오톈은 현지 유치원에 다녔어요. 거기선 친구들하고 잘 지냈다고요. 대만에 돌아오니까 친구들이 말투 가지고 놀리고, 엄마가 베트남 사람이라면서 또 놀리는 겁니다. 그러니까 애도 화가 났을 거고 대들고 싶었겠죠. 1~2학년 때는 툭하면 주먹을 휘둘렀어요. 사과를 했는데도 상대방 쪽에서 우리를 신고한다는 거예요. 아이랑 선물 들고 찾아가도 여학생 부모가 집에도 안 들이는 거 아닙니까. 자기 딸이 샤오톈만 보면 벌벌 떤다나 어쩐다나. 이런 학부형을 보면 저도 치가 떨린다니까요." 말이 길어질수록 아빠의 분노도 함께 커졌다.

"그런 이유로 친구들과 잘 지내지 못하는 거군요." 이야기를 들어보니 샤오톈에게 불리한 일투성이었다.

"샤오톈이 학교에 친구가 하나도 없다기에 마트에서 과자를 큰 봉지로 사서 들려 보냈어요. 학교에서 친구들이랑 나눠 먹으라고. 그랬더니 과자만 다 먹어 없애고 아무도 어울려주지 않더라고요. 그래서 애한테 말했죠. 네 과자만 먹어 치우는 녀석들은 진정한 친구가 아니라고." 아빠는 좌절감을 드러낸 동시에 분노를 터뜨렸다.

"아버님, 샤오톈의 교우관계 때문에 힘드신 건 잘 알겠어요. 그러면 학습 면에서 걱정되는 점이 있나요?" 내가 물었다.

"공부를 너무 못해요. 매번 숙제도 끝을 못 내고요. 방과 후 돌봄교실에서도 숙제를 다 못 마쳐서 집에 와서도 제가 일일이 봐줘야 한다니까요. 애 엄마는 못 가르치거든요. 밤늦게 퇴근해서 다 틀린 글씨를 보고 있으려니까 참. 어쩔 때는 못 참고 매를 들었어요. 혹시 제가 너무 자주 때려서 애가 저리된 겁니까?" 아빠의 얼굴은 후회로 가득했다.

"아버님도 샤오톈도 어쩔 수 없다는 거 잘 알아요. 아이도 숙제를 질질 끌어서 아빠를 화나게 하고 싶지 않을 거예요. 물론 아버님도 퇴근해서까지 숙제 봐주다가 매를 들고 싶지는 않으실 테고요." 아마도 ADHD 자녀를 둔 부모라면 이와 비슷한 상황에 놓여 있을 것이다.

어느새 아빠의 눈시울이 눈물로 그득해졌다.

"저도 애를 병원에 데려갈 생각을 안 한 게 아니에요. 그런데 겁이 나더란 말입니다. 진짜 병이 있을까 봐. 그리고 꼬리표가 붙어서 앞으로 인생 망치는 건 아닐까…."

이주민 엄마, 베트남 억양, 수업에 집중 못 하는 아이, 폭력적인 아이. 아빠가 샤오톈에게 붙은 꼬리표를 떼려고 필사적이 될수록 꼬리표는 점점 늘었다. 그렇게 두 부자는 지쳐갔고 점점 포기하고 싶어졌다.

"상황을 개선하고 싶어 하면서도 자신의 방법만 고집하시네요. 그동안 해볼 만큼 해봤으니까 이제 다른 방법을 시도해 보면 어떠세요?" 내가 넌지시 제안했다.

샤오톈이 약물 치료를 시작한 후로 진료 때는 알림장도 가져오도록 했다.

"선생님, 알림장 가져왔어요."

"와, 대단하네. 잊지 않고 잘 챙겼구나!"

샤오톈이 하얀 이를 드러내며 웃었다.

알림장을 넘겨보니 샤오톈의 글씨가 아주 단정해졌다. 숙제를 잊는 일이 눈에 띄게 줄어들었고, 선생님이 빨간 펜으로 주의 사항을 적어주는 일도 거의 없어졌다. 게다가 이번 월말 시험에서 진보상까지 받았다.

아빠가 머리를 쓸어내리며 말했다. "녀석이 요즘은 숙제도 아주 빨리 끝내요. 덕분에 주말에는 같이 놀러갈 수도 있고요. 샤오톈, 저번 주말에 우리 어디 갔었지?"

"캠핑이요!" 샤오톈은 들떠서 텐트 치는 법이나 야영지 주변 계곡에서 본 물고기 이야기를 들려주었다.

"아직도 반에는 친한 친구가 없습니다. 그런데 이번에 캠핑에 같이 간 친구와는 잘 놀더라고요. 요즘은 캠핑 가는 날만 손꼽아 기다리고 있어요."

알림장을 덮으니 표지에 적힌 '5번'이 눈에 띄었다. 지금쯤 칠판에는 5번 옆에 바를 정자가 많이 늘어나 있지 않을까.

나는 훨씬 똑똑해져서 돈도 많이 벌고
나는 똑똑해져서 돈도 많이 벌고
커다란 집도 갖고 싶어요

하루종일 지적만 당하던
소년 아한

망고향보다 다디단
원장님의 마음

 달콤한 과즙이 팡팡 터지는 망고의 계절이 돌아왔다. 망고를 보니 문득 떠오르는 아이들이 있었다.

 어느 날, 나는 산간 마을 모 유치원의 연락을 받았다. 한 학교에서 '소아 청소년 정신건강 실태'를 주제로 강연을 했는데, 그 자리에 마침 그 유치원 원장님도 있었던 모양이었다. 메일이 도착한 건 강단에서 두 시간쯤 열변을 토하고 돌아온 지 얼마 되지 않은 시점이었다.

 세 선생님께

안녕하세요! 저는 난시향(楠西鄕)에 있는 ○○유치원의 원장입니다. 워낙 외진 곳이다 보니 특수교육이 필요한 아이들에게 도움을 주고 싶어도 상황이 여의찮습니다. 부모님께 검진을 권해드려도 병원이 너무 멀어 포기하는 경우가 많답니다. 그러던 차에 오늘 선생님의 강연을 듣고 다시금 희망이 생겼습니다. 병원 측에서 조금만 협력해 주신다면 우리 아이들에게 많은 도움이 되리라 생각합니다.

솔직히 나는 메일을 읽고 놀라움과 감동을 금할 수 없었다. 타이난현(台南縣)에 속한 난시향(楠西鄕)은 망고의 산지로 유명한 위징향(玉井鄕)과 이웃한 지역으로 내무부(內政部, 한국의 행정안전부에 해당함—옮긴이)가 지정한 벽촌이었다. 이런 곳에도 아이들의 정신건강에 이토록 관심 있는 어른이 존재한다는 사실은 우리를 크게 자극했다.

원장님은 이미 도움이 필요한 아이들을 선별해 연령별로 추려둔 상태였다. 이곳은 원래 유치원이지만 방과후 교실도 자체적으로 운영하고 있었다. 유치원생부터 고등학생까지 다양한 연령대가 이곳을 다녔다.

우리는 논의를 거쳐 유치원과 협약을 맺기로 했다. 원장님은 일단 아이들을 한 명씩 만나보길 원했다. 우리는 유치원을 직접 방문해 아이들을 관찰한 후 진료를 주저하는 부모들과 차례로 면담을 진행할 예정이었다.

나와 통합사례관리사가 차를 끌고 처음 난시향에 가던 날이었다. 동서고속도로를 달리던 중 전방에 원통형 물체가 불쑥 나타났다. 다행히 재빨리 차선을 변경한 덕분에 가까스로 피할 수 있었다.

"파인애플이에요!" 통합사례관리사가 크게 소리쳤다. 우리는 얼떨떨한 얼굴로 서로를 쳐다봤다. 문득 매우 이색적인 곳에 발을 들였다는 생각이 들었다.

얼마나 더 달렸을까, 맑고 화창한 하늘 아래 산으로 빙 둘러싸인 마을이 눈앞에 나타났다. 고개를 들자 순백의 구름이 떠다니고 저 멀리서 아이들의 웃음소리가 희미하게 들려왔다. 우리는 차를 세우고 유치원을 향해 천천히 걸음을 옮겼다.

아이에게 맞는
속도와 시선

올해 초등학교 4학년인 아한은 눈빛이 유달리 초롱초롱했다. 수준급 팽이치기 실력을 자랑하며 관찰하는 내내 마치 대장처럼 아이들에게 에워싸여 있었다. 그러나 원장님의 말에 따르면 아한은 학교에서 별로 인기가 없었다. 쉬는 시간에 반 아이들과 팽이치기를 하다가 지기라도 하면 길길이 날뛰었다. 심지어 상대 아이의 팽이를 빼앗아 바닥에 내동댕이치기도 했다.

"그쪽 부모님이 팽이를 물어내라고 했나 봐요. 실은 아한네 집은 형편이 넉넉하지 않아요. 그래서 부모님한테 아무 말 못 하고 친구 가방에서 돈을 훔쳤대요. 아한 엄마는 베트남 분이세요. 아빠는 가오슝에 있는 공장에서 근무하는데, 격주에 한 번꼴로 집에 돌아오시죠. 사실 아한은 1학년 때부터 줄곧 문제를 일으켜왔어요. 한 학기도 조용히 넘어간 적이 없었죠."

원장님은 아한 때문에 꽤 골치 아픈 듯했다.

그래도 방과 후 교실에서 아한은 선생님 말씀을 고분고분 잘 듣는 편이었다. 아마도 원장님이 친자식처럼 살뜰하게 보살폈기 때문인 듯했다.

"담임선생님이 결국 아한 어머님한테 연락했나 봐요. 어머님이 발을 동동 구르시며 저한테 도움을 요청했어요. 하는 수 없이 제가 아한을 데리고 그 친구를 찾아가 사과도 하고 팽이 값도 물어줬죠. 팽이 값은 나중에 아버님한테 돌려받았어요. 아한 아버님은 성실하고 책임감 있는 분이세요. 다만 자녀 교육에 별 관심이 없는 것 같아요. 아한이 지금 어떤 상태인지도 잘 모르시고요. 아직 어리니까 괜찮다고만 하시죠. 사실 우리는 유치원 때부터 아한을 주의 깊게 지켜봤어요. 애가 너무 활동적이라 수업 시간에 잠시도 가만히 있지 못해요. 그렇게 산만한데도 주음부호를 다 외우는 건 또 신기해요. 머리가 비상한 것 같아요."

원장님은 아한을 어릴 때부터 쭉 지켜본 터라 손바닥 보듯 훤히 알고 있었다.

"우리 유치원은 반이 두 개예요. 초·중·고 학생들을 대상으로 방과 후 교실도 운영하고 있죠. 그렇다 보니 이 지역 애들은 거의 다 안다고 할 수 있어요."

나는 아한에게 허락을 구한 후 학교 알림장과 숙제 노트를 살펴봤다. 학교 알림장에는 많은 정보가 담겨 있다. 아이의 쓰기 능력부터 준비물 준비 여부, 문제 행동의 빈도, 시험 성적까지 모두 일목요연하게 드러난다.

'오늘 또 학교에 장난감을 가져왔음. 수업 중에 갖고 놀다가 걸림', '숙제 미제출', '쉬는 시간에 ○○와 서로 밀치며 싸우다 넘어져 팔꿈치를 다침. 보건실에서 치료 받음' 등등. 페이지마다 빨간 글씨로 이렇게 적혀 있었다.

그다음 숙제 노트를 들여다봤다. 사실 나는 아이들이 쓴 문장이나 글을 읽는 것을 무척 좋아한다. 아이들의 속내를 엿볼 수 있기 때문이다.

~ 하자마자~ 하다: 나는 시험지를 돌려받자마자 점수를 보고 울었다.

비록~ 하지만~ 하다: 비록 아빠는 호랑이처럼 무섭지만 나에게 팽이를 사줬다.

나는~ 하고 싶다: 나는 훨씬 똑똑해져서 돈도 많이 벌고 커다란 집도 갖고 싶다.

여러 상황을 종합해 볼 때 아한은 ADHD가 확실해 보였다.

이날은 아한 아빠가 휴가를 내고 올 수 없는 상황이라 엄마가 대신 오기로 했다. 그런데 약속 당일 엄마가 갑자기 농사일이 바빠서 올 수 없다고 연락했다.

나는 다른 부모들과 먼저 상담을 진행한 후, 원장님과 함께 아한을 도울 방법을 상의했다.

"셰 선생님, 정말 죄송합니다. 분명 어제만 해도 오실 수 있다고 하셨는데." 원장님이 진심을 담아 거듭 사과했다. "제가 어떻게든 아한을 병원에 데려가도록 부모님을 설득할게요."

이런 상황은 처음이라 나는 어떻게 하면 좋을지 잠시 고민했다. "그러면 이렇게 하시죠. 제가 쪽지를 남겨두고 갈 테니까 부모님께 꼭 전해주세요."

아한이 부모님께

안녕하세요. 저는 소아정신과 의사 셰이팅입니다. 오늘 아한을 만날 수 있게 해주셔서 감사합니다. 제가 보기에 아한은 매우 영리한 아이지만, 집중력이 부족하고 충동적입니다. 장차 감정 조절이나 학업 수행에 문제가 발생할 가능성이 있으니 모쪼록 아한이를 위해 병원에 와서 정밀 검사를 받아보길 바랍니다.

나는 작은 기대를 담아 쪽지를 건넸다.

유치원을 나서려는데 원장님이 망고 한 박스를 들고 나왔다.

"이건 우리 마을 특산품이에요. 난시 망고는 다른 망고랑 달리 독특한 향이 나요. 아직 덜 익었으니까 숙성해서 드세요. 엄청 맛날 거예요!"

나는 원장님의 성의를 생각해서 망고 상자를 받아 들었다.

**변화는 한 걸음에서
시작된다**

다음 주 야간 진료 시간이었다. 아한 부모님이 불쑥 병원을 찾아왔다.

"이분이 저번에 날 보러 오신 선생님이야!" 아한은 진료실에 들어오자마자 잔뜩 흥분한 목소리로 외쳤다.

"안녕하세요, 전 아한 아비 진다이스입니다. 그날은 애 엄마도 바쁘고 저도 휴가를 낼 수 없어 그만 폐를 끼쳤습니다." 햇볕에 까맣게 그을린 피부가 인상적이었다. 아한 아빠는 투박한 인상과 달리 꾸밈없는 말투로 예의를 갖춰 말했다.

"괜찮아요, 두 분이야말로 먼 길 오시느라 고생하셨어요."

나는 먼저 방과 후 교실에서 아한을 지켜본 소감을 전했다. 그리고 집중력 부족이 지속되면 장차 학업 성취도와 인간관계에도 심각한 영향을 미칠 수 있다고 지적했다.

뒤이어 주의력 검사를 진행했다.

"죄송하지만, 앞으로 두어 번 더 오셔야 할 것 같아요. 주의력 결핍으로 판명되면 약물 치료를 통해 증상을 개선할 수 있어요. 약은 처방받기 쉽도록 집 근처 진료소를 소개해 드릴게요."

나는 아한 가족의 사정을 고려해 난시향에 있는 가정의학과에 협조를 구했다. 진단이 끝나면 집 근처 진료소에서 아한의 상태를 추적하고 관찰할 계획이다. 그리고 방학이 되면 이곳에 와서 재검사를 진행할 것이다.

"아닙니다! 자식이라곤 이 녀석 하나뿐인데요, 뭘. 낫기만 한다면야 얼마든지 괜찮습니다." 아빠가 이렇게 대답했다.

검사 결과를 보니 아한의 머리는 상당히 좋은 편이었다. 반면 주의력 결핍과 충동성 점수가 충격적일 정도로 높았다. 나는 부모에게 결과지를 분석해 준 다음 아이의 증상에 맞게 약용량을 조절해 처방했다. 아한의 진료 기록은 소견서와 함께 난시향에 있는 가정의학과로 보냈다.

얼마 후, 또 다른 아이를 만나기 위해 난시향을 재방문했다. 원장님이 우리에게 기쁜 소식을 전했다. "아한이가 정말 많이 좋아졌어요. 진보상을 받은 것도 대단한데, 반에서 무려 3등이나 했어요! 애들끼리 싸움이 났을 때도 흥분하지 않고 교무실로 곧장 달려가 선생님한테 알렸대요. 선생님도 아한이의 변화에 꽤 놀라신 눈치에요. 완전 모범생이 됐다니까요."

원장님은 신이 나서 계속 떠들었다. "어머님이 원래는 약물 치료를 꺼리셨어요. 그런데 효과를 본 뒤로는 아한이 약을 챙겨 먹었는지 매일 확인하신대요. 아버님도 선생님한테 감사 인사를 전해달라고 하셨어요."

원장님의 목소리 톤이 한껏 올라가 있었다.

"요즘 어머님한테 아한이 확 달라진 비결이 뭐냐고 묻는 학부모들이 많은가 봐요."

산골 주민들에게 아동 청소년 심리치료의 필요성을 알리는 일은 생각보다 쉽지 않다. 그렇지만 포기하지 않고 꾸준히 노력한다면 상상 이상의 효과를 거둘 수 있다.

우리에게 아한은 훌륭한 홍보 수단이었다. 그 뒤로 한동안 난시향에서 자녀를 데리고 병원을 찾는 부모들의 발걸음이 계속 이어졌다. 아이들의 상태는 저마다 달랐다. 하지만 우리는 문제점을 조기에 발견하고 주어진 자원을 활용해 되도록 빨리 개입하려 노력했다.

난시향을 다녀온 후, 집에 돌아와 냉장고를 여니 잘 익은 망고가 눈에 들어왔다. 주황빛 과육을 한 입 베어 물자 달콤한 망고 향이 입안에 가득 퍼졌다.

과연 인내심을 갖고 기다릴 만한 가치가 있는 맛이었다.

유치원 교사였던 내가
내 자식을 가르칠 수 없다니

**자폐인 줄 알았던
두 돌 아이**

**익숙한 진단과
낯선 행동**

레이레이는 두 살에 처음 진료실을 찾았다. 자폐증 진단을 받았다고 했다. 언어 인지를 비롯해 여러 방면의 발달지연이 뚜렷했다. 이 때문에 아동발달센터에서 일주일에 두 번씩 인지 및 언어 치료를 받고 있었다.

28개월 여아. 자폐증으로 6개월간 치료를 받았음. 어머니는 원래 아이가 아빠, 엄마라고 할 줄 알았지만 치료를 받고 퇴행을 겪으며 말을 못 하게 됐다고 주장함.

우리가 받은 소견서에 이렇게 적혀 있었다. 아동발달센터 측은 레이레이의 퇴행에 좌절감을 느낀 데다 보호자에게 어떻게 설명해야 할지 막막했던 걸로 보인다.

일반적으로 발달지연 아동이 조기에 치료를 받으면 시기나 정도의 차이는 있지만 반드시 효과를 보인다. 따라서 아동발달센터도 레이레이의 상황이 여느 아이들과 다르다는 것을 감지하고, 아이의 치료 계획을 세우는 데 조언을 구한 것이다.

이 아동발달센터는 우리와 오랫동안 연계했다. 이곳은 개인별 맞춤 치료에 역량을 집중한다는 것을 잘 알기에 이런 소견서를 받았을 때는 내심 걱정이 많았다. 최대한 빨리 예약을 잡고 레이레이를 만나러 아동발달센터에 가보기로 했다.

이곳 아동발달센터는 유치원과 위아래로 붙어 있는데 마침 4세반 아이들이 수업이 끝나자 우르르 쏟아져 나왔다. 아이들은 웃으면서 놀이터로 달려가 계단을 오르거나 밧줄을 타고, 미끄럼틀을 타며 신나게 놀았다.

센터의 사회복지사는 미소가 환한 젊은 여성이었다. 거의 매달 만나는 우리는 서로 잘 알았다. 인사말을 간단히 주고받은 후에 아동발달센터로 올라가려던 참에 레이레이가 정문에 들어섰다.

레이레이는 엄마의 손을 잡고 있었다. 편하고 심플한 옷차림의 엄마와 달리 레이레이는 핑크색 레이스가 달린 드레스를 차려입었다. 햇빛이 비치자, 아이의 머리카락이 금빛으로 물들었다. 큼직한 눈망울에 피부도 뽀얘서 무척 귀여웠다. 하지만 엄마 손을 잡은 아이는 걸음걸이가 불안정했다. 두 돌이 지났는데도 마치 돌 무렵 아기처럼 한 발 한 발 내디딜 때마다 뒤뚱거렸다. 뒤편에서 놀이터를 질주하는 아이들과 비교하면 레이레이는 보행이 많이 힘들어 보였다.

우리는 레이레이를 데리고 센터 안으로 들어갔다. 아이는 이곳이 익숙한지 안에 들어서자마자 바로 수업에 들어갔다. 사회복지사가 나와 통합사례관리사를 엄마에게 소개해 주었다. 바닥에 자리를 잡은 우리는 엄마의 걱정거리를 들으면서 치료를 받는 레이레이의 모습을 관찰했다.

"실은 우리 애가 아기 때부터 이상한 구석이 있다고 생각했어요. 언니랑 비교하면 발달이 많이 뒤처졌거든요. 언니는 돌이 지나서 아빠, 엄마 같은 말도 할 줄 알았고 애교도 많이 떨었어요. 그런데 레이레이는 한 살 반 무렵에 아빠, 엄마라고 하더니 몇 주 후에 갑자기 말문을 닫아버렸어요."

엄마의 설명이 이어졌다.

"게다가 엄마 손을 놓고도 잘 걷던 아이가 언제부터인가 혼자 안 걸으려는 거예요. 방금 보셨듯이 계단을 오르내릴 때는 손을 꼭 잡아줘요. 안 그러면 잘 넘어지거든요. 그래서 얼른 병원에 데려갔더니 자폐라는 거예요. 제가 할 수 있는 건 한시라도 빨리 치료를 시작하는 것뿐이었어요. 그래서 일도 그만두고 아이 치료에 전념하고 있어요. 여기 말고도 병원에선 언어 수업, 클리닉에선 작업 치료도 하고요. 집에서도 인지와 언어 발달을 위해서 열심히 가르치고 있어요."

"어머니, 전에는 무슨 일 하셨어요?" 일을 그만두었다는 말에 내가 물었다.

"아… 유치원 교사요. 그런데 내 자식조차 잘 못 가르쳐서 애가 아직도 말을 못 하네요."

자책감이 잔뜩 묻어나는 말에 나는 마음이 몹시 아팠다.

그때 레이레이는 퍼즐매트에 앉아 치료사에게 수업을 받고 있었다. 벨크로 볼을 맞은편의 벽을 향해 내던지려 애쓰는 중이었다. 섬세한 손동작이 잘되지 않는 탓에 손에 쥔 공을 놓는 타이밍을 맞추기 어려워했다. 공은 계속 손바닥을 떠나지 못했다.

선생님이 부드럽게 다독이니 레이레이는 한 번, 다시 한번 시도했다. 그렇지만 모두 실패로 돌아갔다. 아이가 풀이 죽은 채 엄마 쪽을 바라보자 엄마가 따뜻한 미소를 보내주었다. 이렇게 힘을 얻은 레이레이는 다시 공 던지기를 시도했다.

이처럼 엄마와 가벼운 상호 작용을 하는 자폐아는 흔치 않은 편이다. 만일 레이레이가 자폐증이 아니라면? 불현듯 수련 기간에 배운 희귀병 하나가 떠올랐다.

결국 레이레이는 벨크로 볼을 던지는 데 성공했고 선생님이 기뻐하며 박수를 쳤다. "정말 최고야!" 그러고는 레이레이에게 박수 치는 법과 '최고'라는 말을 가르쳤다.

레이레이는 그런 선생님을 뿌리치고 옆으로 뛰어나갔다. 두 손을 비벼대며 천장을 바라보듯 고개를 뒤로 젖혔다.

순간 머릿속에서 종소리가 울리며 다른 병원에서 임상 수련하던 때가 떠올랐다. 당시 나는 매달 한 번씩 '레트 증후군(rett syndrome) 특별 진료'를 맡았다. 그곳에서는 대만 전역에서 모인 레트 증후군 아이들을 만날 수 있었다.

진단은 끝이 아니라 시작

레트 증후군이란 일종의 희귀병으로 현재 대만에 확진받은 환자는 80명 정도로 알려져 있다. 주로 여아에게 나타나며 유아자폐증과 증상이 흡사해서 자주 혼동된다.

특이한 부분은 레트 증후군을 앓는 아이는 초기에는 정상 발달을 하지만 두 돌을 전후로 퇴행을 겪는다는 점이다. 또한 손을 자꾸 비비거나 쥐어짜는 듯한 행동 혹은 박수 치는 동작을 반복한다. 목 뒤쪽 근육의 장력이 부족해서 자주 고개를 뒤로 젖히기도 한다.

레트 증후군은 신경발달 장애 질환으로 이 병을 앓는 아동은 열 살이 지나면 점차 운동 능력을 상실해 휠체어를 타거나 누워서 생활하게 된다. 위장 장애, 수면장애, 척추 측만 등의 합병증이 생길 수 있으며, 심지어는 뇌전증(간질)을 일으키기도 한다. 마지막에는 호흡 곤란으로 돌연사하는 몹시도 가슴 아픈 질병이다.

연신 손을 비비는 레이레이의 모습을 보니 예전에 만난 레트 증후군 아이들이 떠올랐다. 최근 1년간의 상황에 대해 아이 엄마에게 면밀히 물어보았다.

"어머니, 아이가 저런 손동작을 자주 하나요?" 나는 레이레이의 손짓을 따라 했다.

"맞아요. 최근 몇 달 동안 자주 본 것 같아요. 처음에는 기분 좋을 때 그러는 줄 알았는데 아무 일이 없어도 계속 손을 쓱쓱 비비더라고요. 그런데 요 몇 달간 아이랑 상호 작용이 잘되고 있어요. 보세요, 또 저를 보잖아요. 눈 맞춤도 전보다 잘하고요. 다만 이유는 모르겠지만 언어 발달은 진전이 없어요. 제 생각에는 수업을 늘려야 할 것 같아요." 엄마는 속속들이 사연을 쏟아놓으며 초조한 마음을 드러냈다.

최근 증상을 들어본 후에 나는 레이레이와 상호 작용을 해봤다. 엄마의 말처럼 지금은 자폐 증상이 전보다 희미해졌다. 오히려 내 눈에는 반복적인 손동작이 몹시 거슬렸다.

레트 증후군이 아니길 마음속으로 수백수천 번 빌면서 어렵게 입을 열었다.

"저기, 어머니, 레트 증후군에 대해 들어보셨어요?"

몇 달이 지난 어느 날, 간호사가 말을 전했다. 밖에 있는 한 어머니가 진료 접수를 안 했지만 나와 이야기를 나누고 싶어 한다고 했다.

"얼마 전에 선생님이 아동발달센터에서 아이를 봐주셨다던대요." 간호사가 말했다.

열린 문틈으로 레이레이의 엄마가 보였다. 엄마는 웃

는 얼굴로 인사를 건네고는 반가워하며 자리에 앉았다.

"그때 선생님께 그 말을 들었을 때는 반신반의했어요. 그런데 일리가 있다는 생각이 들어서, 어찌 됐건 검사를 해봐야 안심이 되겠더라고요. 추후에 레이레이의 치료 방향을 잡는 데도 필요할 테고요. 그래서 레트 증후군 검사를 받았어요. 검사 결과는⋯ 양성이에요."

하고 싶은 말을 해치우듯 단숨에 뱉어낸 엄마는 시선을 바닥으로 향한 채 꿈쩍도 하지 않았다. 눈에서는 눈물이 또르르 흘러내렸다. 방 안의 공기가 무겁게 가라앉았다.

나는 한숨을 내쉬었다. "정말로⋯"

안타깝다는 취지의 말을 내뱉으려는 찰나 엄마가 내 말을 끊었다.

"오늘은 감사의 말을 전하려고 온 거예요."

엄마가 눈물을 슬쩍 훔친 뒤 고개를 들고 웃으며 말했다.

"선생님이 이 병을 발견해 주셔서 다행이에요. 안 그랬으면 더 많은 수업에 레이레이를 끌고 다녔을 거예요. 치료를 받는 들 퇴행했을 거고 저는 더 불안해졌겠죠. 너무 답답한 마음에 애를 욕하거나 때렸을지도 몰라요. 지금은 치료 방향이 완전히 달라졌어요. 전 오로지 아이가 행복하게 커주기만 바라요. 레트 증후군 가족 모임에도 들어갔는데 유용한 정보나 경험을 많이들 공유해 줘요. 게다가 최신 신약 연구 동향도 빨리 알 수 있고요."

"제가 소아신경과가 아니라 조예가 깊지 않지만 레트 증후군의 원인이 조금씩 밝혀지는 걸로 알고 있어요. 한시라도 빨리 신약이 개발되길 바랍니다."

"그간 아이 일로 마음고생 많으셨을 텐데 좀 더 신중하게 말씀드릴 걸 그랬나 봐요."

엄마는 나를 빤히 바라보았다.

"선생님을 만나게 돼서 정말 다행이에요. 고맙습니다."

감사 인사를 받은 나는 진료실을 나서는 엄마에게 눈인사를 보냈다. 내 마음속은 수만 가지 감정이 뒤엉킨 채 오래도록 풀리지 않았다.

아이의 마음을
애써 외면했어요

엄마의 죽음 이후
마음의 문을 닫은 아빠와 아이

**한 번 폭발하면
멈추지 못하는 아이**

우리 병원과 협약을 맺은 특수학교로 가려면 고속도로를 한 시간 넘게 달리고도 논밭 사이 도로를 한참 달려 들어가야 했다. 우리는 2주에 한 번씩 방문진료 서비스를 제공하러 이곳을 찾았다.

학교 정문에 들어서자 운동장 풍경이 한눈에 들어왔다. 중증 척추측만증을 앓는 아이를 위해 요가 매트를 꺼내오는 선생님, 화재 대피 훈련 중에 나비를 쫓으며 운동장을 뛰노는 천진한 아이들, 그리고 저 멀리 한가로이 풀을 뜯어 먹는 재활승마용 말. 고개를 옆으로 돌리자 미끄럼틀 위에 웅크리고 있는 덩치 큰 자폐 아이도 보였다. 선생님이 체육 수업은 끝났으니 이제 그만 교실에 들어가자고 아무리 말해도 아이는 망부석처럼 꿈쩍도 하지 않았다.

이날 처음 우리는 교실에 들어가 수업을 참관했다. 고등학교 2학년에 재학중인 샤오비를 살펴보기 위해서였다. 담임선생님은 수업 중에 툭하면 화를 내는 샤오비 때문에 걱정하고 있었다.

때마침 금색 종이를 한 뭉치씩 포장지에 집어넣는 직업 훈련 수업이 진행 중이었다. 나는 임상심리사, 사회복지사와 함께 발소리를 죽이고 교실 뒤편으로 들어가 빈자리를 찾아 앉았다. 우리가 관찰할 아이는 바로 앞에 앉아 있었다.

샤오비는 진지한 얼굴로 손가락을 꼼지락거리고 있었다. 그러나 손놀림이 서투른 탓에 종이 뭉치의 모서리를 반듯하게 맞추는 데 번번이 실패했다. 그렇게 한 10여 분쯤 지나자 짜증이 났는지 눈을 비벼댔다. 발을 쿵쿵 구르거나 책상을 탕탕 내려치기도 했다. 그러다 결국 소리를 지르며 종이 뭉치를 집어던졌다. 금색 종이가 눈처럼 나풀거리며 교실 바닥에 떨어졌다.

담임선생님이 단호한 말투로 샤오비에게 빨리 종이를

주우라고 명령했다. 아이는 잠시 머뭇거리다 자리에서 일어났다. 그리고 허리를 숙여 종이를 줍다가 우리를 발견했다. 낯선 사람의 등장이 못마땅했는지 손에 쥔 종이를 다시 내팽개쳤다. 담임선생님이 언성을 높이며 나무랐지만 소용없었다. 그때였다. 아이가 갑자기 신발을 벗어 우리를 향해 힘껏 내던졌다. 우리는 재빨리 몸을 틀어 날아오는 신발을 피했다. 신발은 '탕!' 하는 소리와 함께 사물함에 부딪혔다.

담임선생님이 얼른 달려와 샤오비의 팔을 붙잡으며 진정시켰다. 잠시 후, 아이가 시무룩한 얼굴로 신발과 종이를 주워들었다. 그러는 사이 수업은 어느새 끝이 났다.

우리는 담임선생님에게 샤오비의 평소 수업 태도에 관해 물어봤다. 알고 보니 신발을 던진 게 이번이 처음이 아니었다.

"한번 폭발하면 신발을 던지는 건 기본이고, 책상과 의자까지도 다 엎어버려요." 담임선생님이 소매를 걷어 팔뚝에 난 손톱자국을 보여줬다. "이제 이런 상처쯤은 익숙해요. 조금 전에도 제가 막지 않았으면 다른 애들이 다쳤을 거예요."

샤오비는 표현 언어의 발달이 느린 편이었다. 아는 단어가 많지 않은 탓에 소통이 원활하지 않았다. 감정 표현이 어렵다 보니 적절한 순간에 도움을 요청하기 어려웠다. 담임선생님이 이상한 낌새를 알아챘을 때는 보통 수습하기 어려운 지경에 치달은 후였다. 이밖에도 상동행동(의미 없는 반복적인 행동-옮긴이)이 수시로 관찰되고, 급작스러운 변화를 싫어하는 등 전형적인 자폐 증상을 보였다.

대만에 소아정신과 의사 수가 턱없이 부족하기 때문일까? 나는 조기에 자폐 진단을 받지 못하고 지적장애인으로 분류돼 특수학교로 보내진 아이들을 종종 만나곤 한다. 학교 선생님들도 자신이 가르치는 학생이 자폐아인 줄 모르는 경우가 허다했다. 샤오비도 그런 케이스 중 하나였다.

나는 금색 종이와 포장지를 손에 쥐고 잠시 고민하다가 보조 도구를 이용해 보라고 조언했다. 먼저 종이 뭉치를 먼저 네모난 틀에 넣었다가 꺼내면 포장지에 집어넣는 작업이 한결 수월해질 터였다.

담임선생님은 내 제안을 흔쾌히 받아들였다.

아이와 아빠 모두를
괴롭힌 상실의 고통

2주 후 다시 학교를 찾았을 때, 담임선생님에게 샤오비의 포장 실력이 늘었다는 얘기를 전해 들었다. 하지만 여전히 수업 중에 수시로 짜증을 부린다고 했다.

우리가 보기에 샤오비는 분노 포인트가 너무 많았다. 때로는 아무런 징후도 없이 폭발해 사전에 조치를 취하는 게 거의 불가능했다. 나는 당장 병원에 가서 진료를 받아야 한다고 거듭 강조했다. 현재 감정 조절에 도움이 되는 약물이 많이 개발돼 있다. 약물을 복용해 심리적으로 안정된다면 고등학교 졸업 후 장애인 보호 작업장 같은 곳에서 일할 수도 있다. 만일 지금처럼 불안정한 상태가 지속되면 아무 데서도 받아주지 않을 것이다.

"아버님이 정신과를 꺼리세요. 아무래도 돌아가신 샤오비 어머님 때문인 것 같아요." 담임선생님이 우리에게 넌지시 귀띔해 줬다.

우리는 샤오비 아빠에게 구체적인 치료 계획을 설명하고 싶었다. 하지만 계속해서 연락을 피하자 결국 사회복지사와 학교 관계자가 집으로 직접 찾아갔다. 한참 설득한 끝에 샤오비 아빠가 교내 회의에 참석하겠다고 약속했다.

사회복지사가 당시 상황을 이야기해 줬다. 그는 학교 관계자의 일정에 맞춰 이른 새벽부터 분주하게 돌아다닌 터라 목소리에 피곤함이 잔뜩 묻어났다.

"오래된 삼합원에 살고 있더라고요. 아버님은 관공서

관리인이었어요. 무척 안정적인 직업이죠. 저희가 찾아가니까 차도 대접해 주고 친절하게 대해주셨어요."

"그러면 지금껏 소통이 잘 안된 거죠?" 내가 물었다.

"그러게요. 저도 이해가 안 가요. 집 안에 있는 가구는 샤오비가 죄다 망가뜨려 놨더라고요. 제가 아버님한테 아이를 병원에 데려가야 한다고 강력하게 주장했어요. 그런데 좀처럼 확답을 못 하시더라고요. 뭔가 말 못 할 사정이 있나 봐요. 그래도 저희가 찾아와 줘서 고마운 것 같았어요. 어쨌든 교내 회의에 참석하겠다는 약속을 받아냈으니 나머지는 셰 선생님한테 맡길게요."

사회복지사가 지친 얼굴로 내게 바통을 넘겼다.

"아, 맞다. 집이 엉망이었는데 돌아가신 어머님 사진만 텔레비전 옆에 얌전히 놓여 있더라고요." 사회복지사가 별안간 생각났다는 듯 한마디를 덧붙였다.

교내 회의 당일, 회의실에는 나와 사회복지사, 담임선생님, 학습도움반 선생님, 과목별 선생님들이 자리했다.

이번 회의를 주최한 주임 선생님이 샤오비 아빠를 소개했다. "이분이 샤오비 아버님이세요."

관료적 분위기를 풍기는 중년 남성이 자리에서 일어나 정중히 인사했다. 성성한 백발 아래 드러난 얼굴이 무척 고단해 보였다.

나는 먼저 지난번 수업 참관 중에 샤오비를 관찰하며 알게 된 사실들과 약물 치료를 권하는 이유를 조곤조곤 설명했다. 이어서 샤오비 아빠에게 아이를 왜 병원에 데려가지 않는지 단도직입적으로 물어봤다. 그 순간 내내 말이 없던 샤오비 아빠가 별안간 흐느껴 울기 시작했다.

"생전에 애 엄마가 우울증약을 복용했었는데, 작년에 갑자기 유방암 진단을 받고 얼마 안 돼 세상을 떠났어요. 샤오비한테 자세한 설명은 하지 않았습니다. 말해봤자 이해하지 못할 것 같아서요. 사실 아내가 죽은 후 애 성격이 많이 괴팍해졌어요. 어쩌면 애도 엄마가 그리운 걸지도…."

"애 엄마가 암에 걸린 게 다 그 약 때문인 것 같아요. 그렇지 않으면 어떻게 그 젊은 나이에…."

"저도 이대로 가다가는 샤오비가 졸업 후에 아무 데도 취직하지 못할 것 같아서 걱정입니다. 제가 평생 돌봐줄 수도 없는데."

회의실 안에 애통한 분위기가 감도는 것도 잠시, 막혔던 대화의 물꼬가 트이기 시작했다. 그동안 샤오비 아빠는 아내가 떠난 후 느꼈던 슬픔과 상실감을 누군가에게 털어놓을 기회가 거의 없었다. 날마다 일에 파묻혀 지내며 아이와의 소통을 피해왔다. 가끔 아이가 가구를 때려

부수며 성질을 부려도 그저 말없이 지켜보기만 했다. 아마도 아빠 눈에는 아이가 슬픔에 몸부림치는 것처럼 보였던 게 아닐까.

아빠의 변화가 만들어낸
아이의 변화

샤오비 아빠가 감정을 추스르길 기다린 후, 나는 앞으로의 치료 계획을 처음부터 다시 설명했다. 또 아이의 뇌전증 병력을 언급하며 뇌파 검사를 권했다. 아빠도 아이가 말로 표현하지 못해서 그렇지 뇌전증으로 인한 두통과 치통을 앓고 있을 것으로 여겼다. 나는 병원 예약과 검사 진행을 도와주겠다고 했다. 그리고 검사 결과가 나온 후 약물 치료를 제고해 달라고 부탁했다.

"아버님 말씀대로 샤오비가 엄마의 부재로 불안감을 느끼는 걸지도 몰라요. 말로 표현하지 못할 뿐이지 누군가 곁에 있어주길 바라고 있을지도요." 나는 샤오비 아빠에게 말했다.

"제가 너무 이기적이었어요. 지난 2년간 힘들다는 핑계로 아이의 마음을 애써 외면했어요." 샤오비 아빠가 다시 눈물을 글썽였다.

회의가 끝난 후, 샤오비 아빠는 그 자리에 참석한 모

두에게 진심을 담아 말했다. "감사합니다."

몇 달 후, 다시 찾은 학교에서 우리는 평온한 얼굴로 자전거를 타고 있는 샤오비를 발견했다. 따사로운 햇살을 받으며 운동장을 빙글빙글 돌고 있었다.

담임선생님은 샤오비가 약물 치료 후 상태가 많이 좋아졌다며 이제는 수업 중에 물건을 던지거나 주먹을 휘두르지 않는다고 했다. 현재 학교 측은 샤오비가 사회에 나가 적응할 수 있도록 성심껏 지원하고 있었다. 한편 샤오비 아빠도 아이와 더 많은 시간을 보내려고 노력한다고 알려주며 다시 한번 고마움을 표했다.

운동장 가장자리에는 코스모스가 활짝 피어 있었다. 그 사이사이 아이들이 함박웃음을 지으며 앉아 있고, 선생님은 그 모습을 한 명씩 카메라에 담고 있었다.

오늘 우리가 만나 볼 아이는 초등학교 4학년인데 원인 불명으로 정수리가 훤히 비어 있다고 들었다. 우리는 담임선생님에게 가볍게 눈인사한 후 교정을 폴짝폴짝 뛰어다니는 그 아이를 향해 다가갔다.

에필로그

너의 손을 잡아줄게

2019년, 소아정신과 의사 학회의 연례회의가 열리기 전에 회장 건너편 패스트푸드점에서 두 편집자와 만났다. 우리는 책에 담을 내용을 고심하며 머리를 맞댔다.

때는 한여름으로 정오의 태양이 들끓는 듯했다. 맞은편 회장에는 소아 청소년의 정신건강을 위해 최선을 다하는 멋진 선배와 동료들로 가득했다.

대만의 소아청소년 정신과 전문의는 200여 명에 불과하다. 소아 청소년 정신과 의사가 되려면 정신과 전문의가 된 후에 1년을 더 들여 수련해야 한다(한국의 경우 2년-옮긴이). 그 기간 소아청소년의 각종 정서 및 행동 문제, 정신건강, 정신 의학에 관해 배운다. 간단히 말해 온종일 아이들과 부대끼며 지내는 것이다.

정신과에서 수련받는 3년 차 레지던트는 소아정신과에서 최소 3개월 이상 실습한다. 나는 여태껏 성인 환자가 들려주는 기묘한 말을 힘겹게 해독하다가 발달지연 아동의 옹알이를 따라 하는 생활을 시작했다. 아이들과 만나며 치유되는 느낌이 들었다.

한번은 진료 때 무발화(말을 못 했다) 자폐증 아이가 엄마 허벅지에서 미끄러져 내려오더니 내게 다가와 머리통으로 허리를 가볍게 들이받았다. 깜짝 놀란 나를 보고 아이 엄마가 웃으며 말했다. "선생님이 맘에 든다는 뜻이에요." 진료가 끝나자 정말로 아이가 와락 내 품에 안겼다.

아이와 엄마는 나를 좋아했고 나도 그들이 좋았다. 아이는 미소 한 번 짓지 않았지만, 아이의 행동은 그 무엇보다 힐링이 됐다. 그래서 정신과 전문의 시험에 합격한 후에 부전공으로 소아정신과를 선택했다. 앞으로 꼬마 환자들과 대면했을 때 자신감과 전문성으로 무장해 도와줄 수 있기를 바라면서.

소아정신과 의사가 된 지금도 나는 아이들을 보면 절로 미소가 지어진다. 때로는 긴 진료를 마치고서야 너무 웃어서 입가에 경련이 날 지경임을 깨닫곤 했다.

소아정신과 의사는 아주 적기 때문에(나는 멸종 위기에 처한 대만흑곰 수보다 적다는 농담을 하곤 한다) 우리가 무슨 일을 하는지 잘 모르는 이가 많다. 심지어는 소아정신과의 존재 자체를 모르는 사람도 있다.

이렇게 된 데는 소아정신과 의사 집단의 특성과도 무관하지 않다고 생각한다. 이들은 오랜 시간을 아이들과 지낸 터라 대체로 천진하고 동심을 간직하고 있다. 그리고 떠벌리는 것은 물론 논쟁도 꺼리며, 온화하고 조용한 편이다. 흡사 어두컴컴한 밤길을 걷는 아이들의 발밑을 묵묵히 밝히는 밤하늘의 달과 같다.

내게는 존경할 만한 선배가 아주 많다. 발달지연 아동의 조기 발달치료를 위해 바쁘게 뛰는 사람도 있고, 정신지체 장애 아동의 정신건강을 위해 애쓰는 사람도 있다. 그리고 ADHD에 씌워진 오명을 지우기 위해 기금을 모으고 협회를 조직한 사람도 있다. 새롭고 더 나은 치료 시스템을 찾아내기 위해 과학 연구에 몰두하는 이도 있다. 한편 빛에 민감한 자폐증 환자가 진료실에 들어올 때 조명을 끄는 배려를 하는 자상한 동료도 있다.

다들 이처럼 묵묵히 본업을 수행하고 있지만 말랑하고 쉬운 말로 대중과 소통할 수 있는 의사는 많지 않다. 7년이란 의학 수련 과정(현재는 6년으로 줄었다), 거기에 추가로 4, 5년간 전문의 양성 수련 과정을 거치는 동안 습득한 지식과 책을 차곡차곡 쌓아 올린다면 하나의 거탑이 된다. 우리는 거탑의 꼭대기에 올라 보다 높이, 보다 멀리 풍경을 조망할 수 있다. 하지만 그만큼 대중과의 거리는 멀어진다. 의사가 가까이 다가가지 않으면 배운 것을 활용해 환자의 마음을 치료하거나 환자 혹은 환자 가족과 마음으로 소통하기 어려워진다. 게다가 대중은 정신과에 관한 오해와 편견에 오래 사로잡혀 있기에 의사의 도움이 필요한 아이나 보호자와 거리가 더 멀어지고 만다.

시중에는 소아정신과에 관한 교양서적이 이미 많이 나와 있다. 하지만 이 책은 그것들과는 다르다. 처음에 이 책을 쓸 때는 소아정신과 의사의 진료 일상을 공유해서 대중과 보다 가까워지기를 기대했다. 그래서 정말 도움이 필요한 사람이 병원으로 발걸음하기까지 너무 오래 망설이지 않기를 간절히 바랐다.

이 책은 나와 같이 길을 걸으며 함께해 준 소중한 사람들과 함께 써낸 것이다. 진료실에서 자신의 인생을 공유해 준 다양한 연령대의 아이들에게 특별히 감사의 말을 전하고 싶다. 소아정신과 의사로서 가장 힘들었지만 또한 행운이었던 점은 아이들에게 끝없이 긴 이야기를 들은 것이다.

부디 나의 기록과 기억이 우리 아이들을 위한 선물이 되기를 바란다.

어떤 아이들은 상처로 말한다 我們的孩子在呼救
ⓒ 셰이팅謝依婷

초판1쇄 인쇄 2025년 10월 29일
초판1쇄 발행 2025년 11월 05일

지은이 셰이팅
옮긴이 강수민 · 김영화
펴낸이 박지혜

기획.편집 박지혜
디자인 디스커버
제작 제이오

펴낸곳 ㈜멀리길이
출판등록 2020년 6월 1일 제406-2020-000057호
주소 10881 경기도 파주시 회동길 37-20, 202호
전자우편 murly@murlybooks.co.kr

전화 070-4234-3241 | **팩스** 031-935-0601
인스타그램 @murly_books
ISBN 979-11-91439-71-7 03180

* 이 책의 판권은 지은이와 ㈜멀리길이에 있습니다.
* 이 책 내용의 전부 또는 일부를 재사용하려면 반드시 양측의 서면 동의를 받아야 합니다.
* 잘못된 책은 구입하신 서점에서 교환해드립니다.